はじめに

キャリアを積んだ。

スキルも磨いた。

中身はできた、30代。


社会へ出て十数年。会社の組織が見え、若さの中にも充分な見識を備え、スキルを磨いてきたあなたはいま、幹部候補として期待される世代です。それは同時に、日本の未来をしょって立つ「ニッポンの幹部候補生」ともいえます。

あるいはあなたは、組織を飛び出し、起業によって自己実現を目指したり、鍛え上げた専門的なスキルを武器に、有利な転職を目指したりしているかもしれません。

あなたの目の前には、「ひとつ上のステージ」があります。そこまで来ているチャンスを、ぜひモノにしていただきたい。そう思って書いたのが、この本です。積み重ねたキャリアも、磨き上げたスキルも、深くあなたの内面を満たしている知性も、目には見えないものです。それを目に見える形にする力が、私の提唱する「外見力」。輝かしい地平を切り拓くためにはどうすればいいか、どうすれば「外見力」が身に付くか、その答えがここにあります。

私の会社、株式会社大森メソッドは、企業からの依頼を受けて、経営トップ、エグゼクティブから幹部候補生、新入社員までさまざまな研修を提供しています。一方で、個人コンサルティングも行っている当社代官山のオフィスには、30代のビジネスパーソンが多く訪れます。その受講理由は次のようなものです。

- 営業成績が思うように上がらないから何とかしたい
- 重要なプレゼンテーションを絶対に成功させたい
- マネージャーへの昇格を目前にして、チャンスをモノにしたい
- 転職のために面接力を高めたい
- 社内公募にエントリーして新しいフィールドに挑戦したい

私は、彼ら、彼女たちからヒアリングし、何を、どのように変えれば説得力ある外見を身に付けることができるか診断し、服装、身だしなみ、立ち居振る舞い、ビジネスマナー、挨拶の仕方、話し方、立ち方、歩き方などをアドバイスします。

そして、彼ら、彼女たちに共通するのは、自信がなさそうにやってきて、帰るときは、さっそうと背筋を伸ばして帰って行くことです。

そうです。イメージコンサルタントとして私が提供しているのは、ひとことでいえば「自信」です。

自信が背筋を伸ばし、目に光を与え、いきいきとした表情を生み、きびきびとした動作に変えるのです。さらには人とのふれあいが積極的になり、伝えたい自分を効果的に伝えられることで、相手に好感を与え、ビジネスをパワフルに有利に進めることが可能になるのです。

そのことに関して、アメリカテキサス大学の労働学の権威であるダニエル・ハマーメッシュ教授は、ビジネスパーソン７５００人を対象にした興味深い実験データを発表しています。見た目のよさ（美醜ではなく好感度）が平均以上のビジネスパーソンは、平均以下の人に比べて生涯年収が３０００万円高い、というものです。さらにハマーメッシュ教授は、「人間が感じのよい人を選ぶのは、人間の遺伝子に組み込まれたＤＮＡだ」とも語っています。

厳しい競争社会の中では、自分をアピールしなければ、だれも振り向いてくれません。服装や身だしなみ、立ち居振る舞いなど、外見が中身を正しく表現していなければ、あなたの能力も、人柄も、相手に伝わりません。自分をきちんと売り込む、つまり「自分マーケティング」が必要な時代なのです。

この１冊は、自分をどのように効果的にアピールするか、自分の価値を上げるためにはどうすればいいか、ビジネスパーソンに向けて、パーソナルブランディングのためのバリューアップの方法を詳しく解説しています。いまのイメージを見つめ、次のポジションにふさわしいスタイルを知り、ギャップを抽出する。そしてこの本を読み進めるうちに、そのギャップを解決し、理想に近づく自分に気づくでしょう。

30代になったら、「外見力」。

（もちろん、かつて30代だったあなたも）

さあ、準備はいいですか？

Contents

CHAPTER-2

スーツを正しく着こなすための知識

CHAPTER-3

靴や靴下に関する正しい知識

CHAPTER-4

シャツを正しく着こなすための知識

CHAPTER-5

ネクタイを効果的に活用するための知識

Contents

CHAPTER-6

目的に応じたコーディネート方法

CHAPTER-1

「外見力」を決める要素

The Power of Appearance

100%の力で戦うために印象法則を知る

どんなに優れたキャリアや知性があったとしても、中身と外見、つまり伝えたいメッセージと動作、仕草、服装、話し方などに一貫性がないと、相手を混乱させてしまいます。外見の重要性は、数字が語っています。南カリフォルニア大学のメラビアン教授の有名な印象法則にもあるように、人は、中身より外見で相手を判断する傾向にあるのです。

ちなみにその印象法則、第一印象の形成データとは次の通りです。

55%・・・ボディランゲージ(外見)
38%・・・パラランゲージ(話し方、声の調子)
7%・・・ランゲージ(言葉、内容)

このデータからわかるように、人は、なんと93%が非言語的なコミュニケーションで判断されています。何を話したかよりも、どのように見えたか、どのように話していたかが大切なのです。

日産自動車CEOのカルロス・ゴーン氏は、「スピーチは3日も経てば、話の90％は忘れてしまう。聞き手が覚えているのは、スピーチしている人の態度や迫力、雰囲気などだ」とソニーの企業大学で語りました。このことは、メラビアン教授のデータからもうなずけます。

「見抜く」「見極める」「見定める」という言葉があるように、実は初対面の第一印象から最終的な決定まで、人は目から受ける印象で多くを判断しているのではないでしょうか。100％の力で戦うためには、自分の魅力を「可視化」すること、つまり、あなたのキャリア、スキル、リーダーシップを「目に見える形」にすることが不可欠なのです。

心理学で「初頭効果」といいますが、人は最初に受けた印象に良くも悪くも引きずられる傾向があり、最初に受けた印象が、あとあとまで尾を引いてしまいます。ですから、ビジネスを有利に進めていくためには、インプレッションマネジメントすること、つまり、第一印象で良い印象を与えるようにすることが重要になるのです。

リーダーシップに関する数多くの著書を持つ、元ジョンソン・エンド・ジョンソン社長の新将命氏は「これまでに何百回となく中途採用者の面接を行ってきたが、最初の印象が後に大きく裏切られたケースは二度しかない」と言っています。つまり、選ばれる人は、第一印象ですでに相手の心をつかんでいるのです。

さらには、ニューオリンズ大学のマイケル・ルボルフ名誉教授は、「ネガティブな体験を1回させたら、その埋め合わせにはポジティブな体験が8回必要」と述べています。スピードが求められる時代、顧客や重要な相手に8回も会うことが許されるでしょうか。

本当は仕事ができて、魅力を持っているのに、服装や表情、立ち居振る舞いなどの外見に無関心、無頓着な人は、ビジネスだけではなく、プライベートなシーンでもいつの間にか損をしているかもしれません。

外見に気を使わないのは頭の生活習慣病!?

服装に無防備な人、つまり場が読めない、常識のない人は、常にリスクを負っているといえます。たとえば、得意先への謝罪の場に、何も考えず赤いネクタイを締めて行くようなケースです。

かつて実際の謝罪会見の際、大手企業の経営陣の中に、赤いネクタイの人がいました。すると、テレビを見ていた視聴者からその経営者に対して、批判が寄せられたのです。「このような場に、派手な色のネクタイを締めているような非常識な経営者がいるから大きなミスが起こるのだ」と。服装に無関心、無頓着、無防備の「3無」の人は、それだけで無責任な人といえるでしょう。

素早い判断が求められる今日、あなたを理解するまでに時間がかかってしまうようでは、すでに競争相手に一歩遅れをとっているといえます。

中身があればそれでよいという時代は終わりました。日本においてもグローバル化が進み、競争が激しいビジネスの場では、相手に良い印象を与え、瞬時に自分をわかりやすく伝えられる力（私はそれを「自分を語る力＝外見力」と呼んでいます）が不可欠です。

大手企業のグローバルリーダー育成をはじめ、ビジネススクールでも教鞭をとり、海外でも活躍する経営コンサルタントの船川淳志氏は「自分の身なりに気を使わないのも、ある種の『頭の生活習慣病』」と述べています。「頭の生活習慣病」とは、船川氏の著書「思考力革命」の中に出てくる言葉で、糖尿病や肥満のような「カラダの生活習慣病」と同じように、毎日の思考習慣によって、自ら考えることを放棄したり、人任せになり、「思考停止」という病になることを指しています。船川氏は、「実は、私は『男は中身だ！』という勝手な思い込みから、外見力は関係ないっ！と決めつけていたのです。ところが、これこそまさに言い訳をしながら、自分の身なりに無頓着になってしまう、「頭の生活習慣病」と同じだと気が付いたのです」と語っています。

同氏はさらに「私は自分の本の中で、コミュニケーションは受け手が決める、と書いています。考えてみれば、外見力もまさにその通りなんですよね。身なりに無頓着だったり、独りよがりの格好で周りから浮いてしまってはいけない。外見力もプロフェッショナルの必須要件だということですよね」と述べています。

見た目(好感度)のよさは収入を高くする

「外見力」をテーマにしたNHKの「プライスの謎」という番組制作に協力したときのことです。私は番組の中で、アメリカテキサス大学の労働学の権威であるダニエル・ハマーメッシュ教授が行った、ビジネスパーソン7500人を対象にした実験データを紹介しました。見た目のよさ(美醜ではなく好感度)が平均以上のビジネスパーソンは、平均以下の人に比べて生涯年収が3000万円高いというものです。

好感度で心を捉え、相手が「信頼できる、安心できる」また「自分に貢献してくれる」と信じなければ、取引はうまくいきません。そして相手と信頼を築くためには、まず、きちんとしたビジネススタイルを確立すること、とくにビジネススーツの正しい着こなしが、重要なコミュニケーションスキルになることを認識しておきたいものです。

コンサルティングのプロとして第一線で活躍し、一方で世界に通用する企業幹部候補生の育成にあたっていた富士通総研顧問の佐藤正春氏は、このように語っています。

「服装や持ち物には、自分ができる範囲で目一杯お金をかけることです。そうすることで気後れを防止できます」と。服装はもちろん、持ち物にお金をかけるのは一つの投資だというわけです。

そして、ある講演会では、「とくにトップ層（および秘書）は、その人の意識レベルを外見でまずはチェックする。もちろん、身分不相応な高級時計やスーツは不要、マナーも当然気を付ける」と指導しています。

社内で配られる100円のシャープペンシルを使っていたのでは、100円のコンサルタントとしか見られない。会社にあるタダの紙袋をさげて出向けばタダのコンサルタントになってしまう。会社名が表に明記された手帳では、仕事欲しさが見え見えになってしまいます。

そこで、「上質なペンを買い、手帳には革のカバーをかけ、自分が好きな鞄を持って出かける」のです。すると一人のコンサルタントとしての意思表示になります。

これからの一流ビジネスパーソンとは、業種業界を問わず、企業の看板だけに頼らない、一人のプロフェッショナルでなくてはならないのです。

SECTION 04

スーツは「選ばれる自分」になるためのコミュニケーションツール

たかがスーツ、されどスーツ。スーツは単なる制服ではなく、その人が誰であるかを表す自己表現です。とくに、ビジネスの場においては、服装はオシャレやファッションではなく、ひとつの戦略です。どのようにすれば相手に自分が効果的に伝わるか、自分を選んでもらうにはどうしたらよいか、まさに自分マーケティングといえるのです。外見を重要なマーケティングマターと捉え、「選ばれる自分」を積極的にプロデュースしていかなければなりません。

商品やサービスの差別化がむずかしい時代になるほど、顧客はもれなくセットで付いてくる「あなたの魅力」とともに商品やサービスを買っています。大きな契約や高額商品ともなれば、その意思決定は会社の信用はもちろんのこと、それを扱う個人の魅力に依存していることが多いのです。

仮に、同じ商品を2人の営業マンが売っていたとしたら、さわやかにスーツを着こなし、好感度が高くビジネスマナーを備えた人から買うか、そうでない人から買うかは言うまでもなく明らかです。選ばれる自分になるためのコミュニケーションツールのひとつが、スーツという服装なのです。

服装は、その人を表現する重要なコミュニケーション手段です。どのようなスーツを選択し、どう着こなしているかを見ることで、キャリア、ポジション、ビジネスへの取り組み方、時代を読むセンス、パーソナリティまでも読み取ることができます。

その日に選んだスーツが印象を大きく左右するばかりでなく、その後のビジネスにも影響を与え、スーツの着こなしは、交渉相手があなたを見極めるひとつのファクターになっているのです。

同時に、服装を整えることは単なる自己満足ではなく、その人の教養であり、相手への敬意です。

どんなに仕立ての良いスーツを着ていたとしても、不快感を与える身だしなみや場に合わないコーディネートでは、好感度は高まるはずはありません。

スーツの着こなしはシンプリシティがキーワード

ビジネスの場での「好感度」とは?

好感度が高い人の服装は、洗練されていてシンプル、まとまり感があり、目立ちすぎているところがないものです。派手な色を多く使い、光り物をたくさん身に付けることではなく、あくまで簡素で洗練されたイメージをつくることが、ビジネスの場では「プロフェッショナル」と映ります。ビジネスシーンでは、シンプリシティが着こなしのキーワードになります。

そして、「ひとつ上のステージ」を目指すためには、一流のビジネスパーソンの着こなしをマスターしたいものです。

あるニューヨークのビジネススクール（MBA）のコースには、欧米では3分の1の契約が食事のテーブルで行われることから、常識的なテーブルマナーに加え、相手の心を惹きつけ、ビジネスを有利に進めるためのテーブルマナーのコースがあります。

それと同様、スーツの着こなしも、一流のビジネスパーソンにふさわしい正しい着こなしを知っておくことで、ステージアップに備えることができます。それが、ひいては人生の成功につながるということも覚えておいてほしいのです。

それでは、まず、あなたのビジネススーツの着こなし度をチェックしてみましょう。もしかしたら、着こなし全般を改める必要があるかもしれません。

⚜一流のビジネスパーソンの正しい着こなし30のチェックポイント

一流のビジネスパーソンの着こなしのポイントは、まず、スーツは肩が合っていること。前身ごろや首の後ろあたりにしわが寄っていないかチェックしてください。堂々とした頼りがいのある人に見えるようにするには、上着とシャツの襟にギャップがないように着こなすことです。それには、両手で両方のラペル（襟）を軽く前に引き寄せるようにします。これは、紳士が上着をきちんと着こなすための基本動作です。

シャツやネクタイ、ズボンやベルト、靴や靴下に至るまで、鏡の前でチェックポイントに沿って点検してみましょう。

正しい着こなしチェックポイント≪スーツ編≫

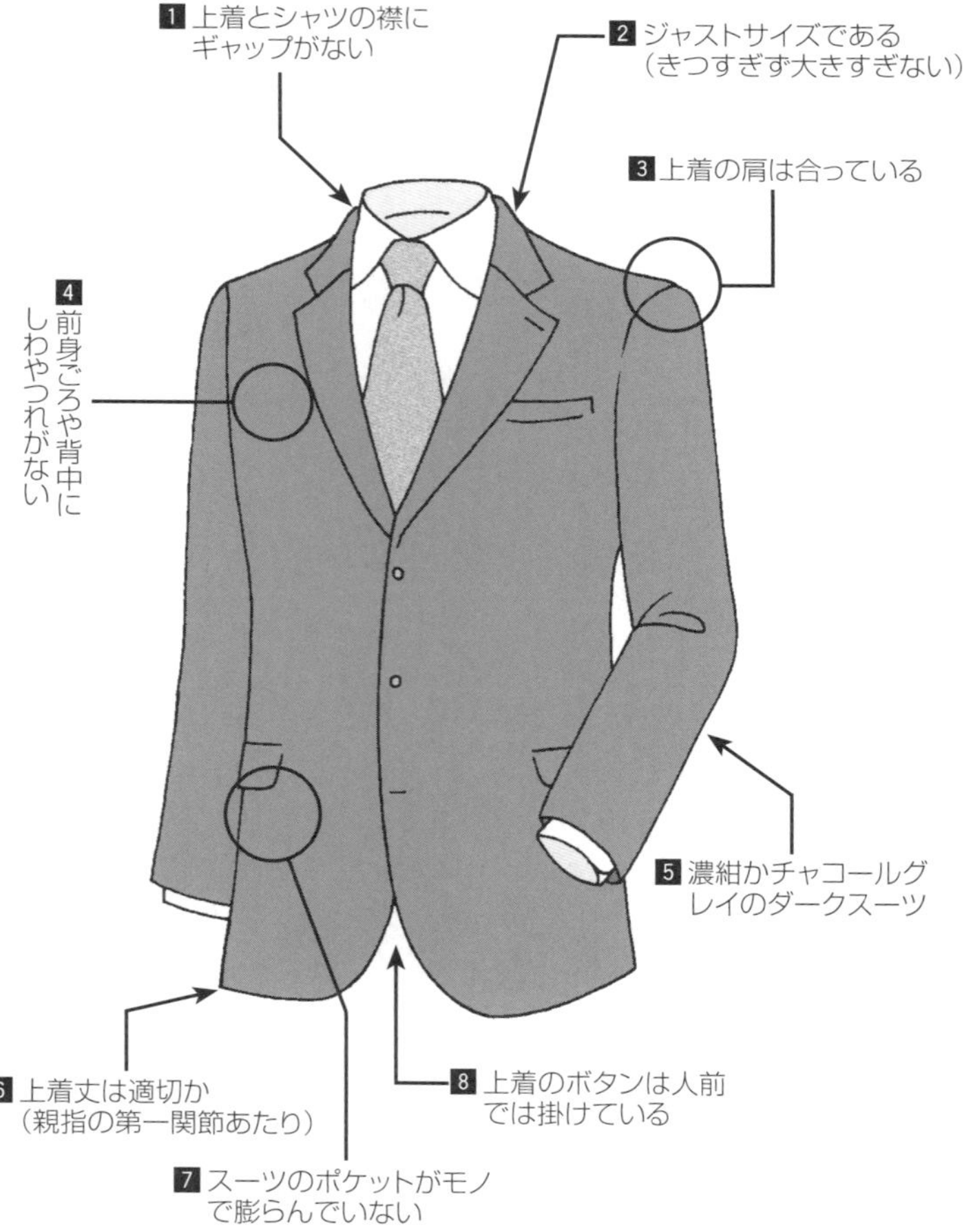

1 上着とシャツの襟にギャップがない
2 ジャストサイズである（きつすぎず大きすぎない）
3 上着の肩は合っている
4 前身ごろや背中にしわやつれがない
5 濃紺かチャコールグレイのダークスーツ
6 上着丈は適切か（親指の第一関節あたり）
7 スーツのポケットがモノで膨らんでいない
8 上着のボタンは人前では掛けている

正しい着こなしチェックポイント≪シャツ&ネクタイ編 ❶≫

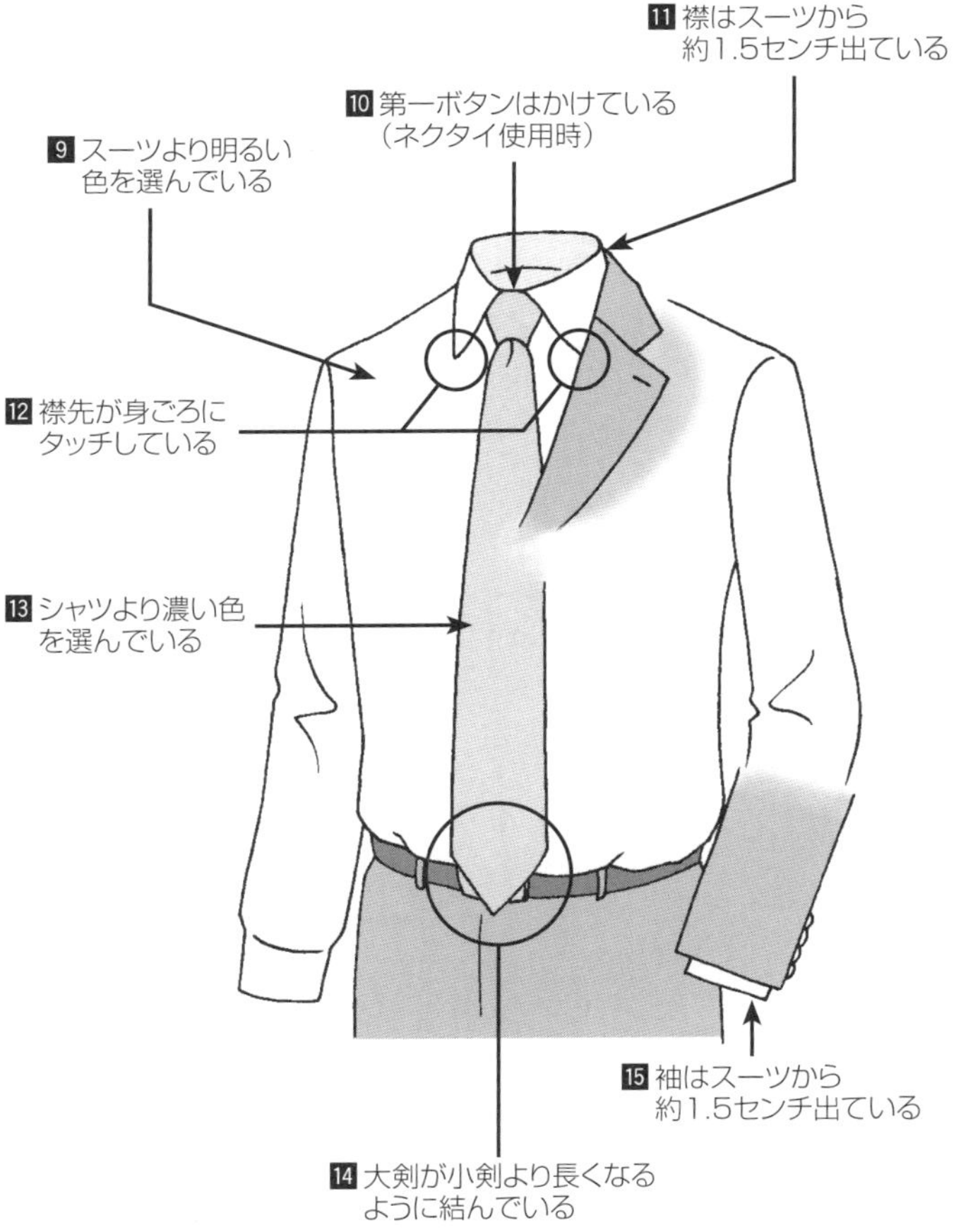
11 襟はスーツから
約1.5センチ出ている
10 第一ボタンはかけている
(ネクタイ使用時)
9 スーツより明るい
色を選んでいる
12 襟先が身ごろに
タッチしている
13 シャツより濃い色
を選んでいる
15 袖はスーツから
約1.5センチ出ている
14 大剣が小剣より長くなる
ように結んでいる

正しい着こなしチェックポイント≪シャツ&ネクタイ編②≫

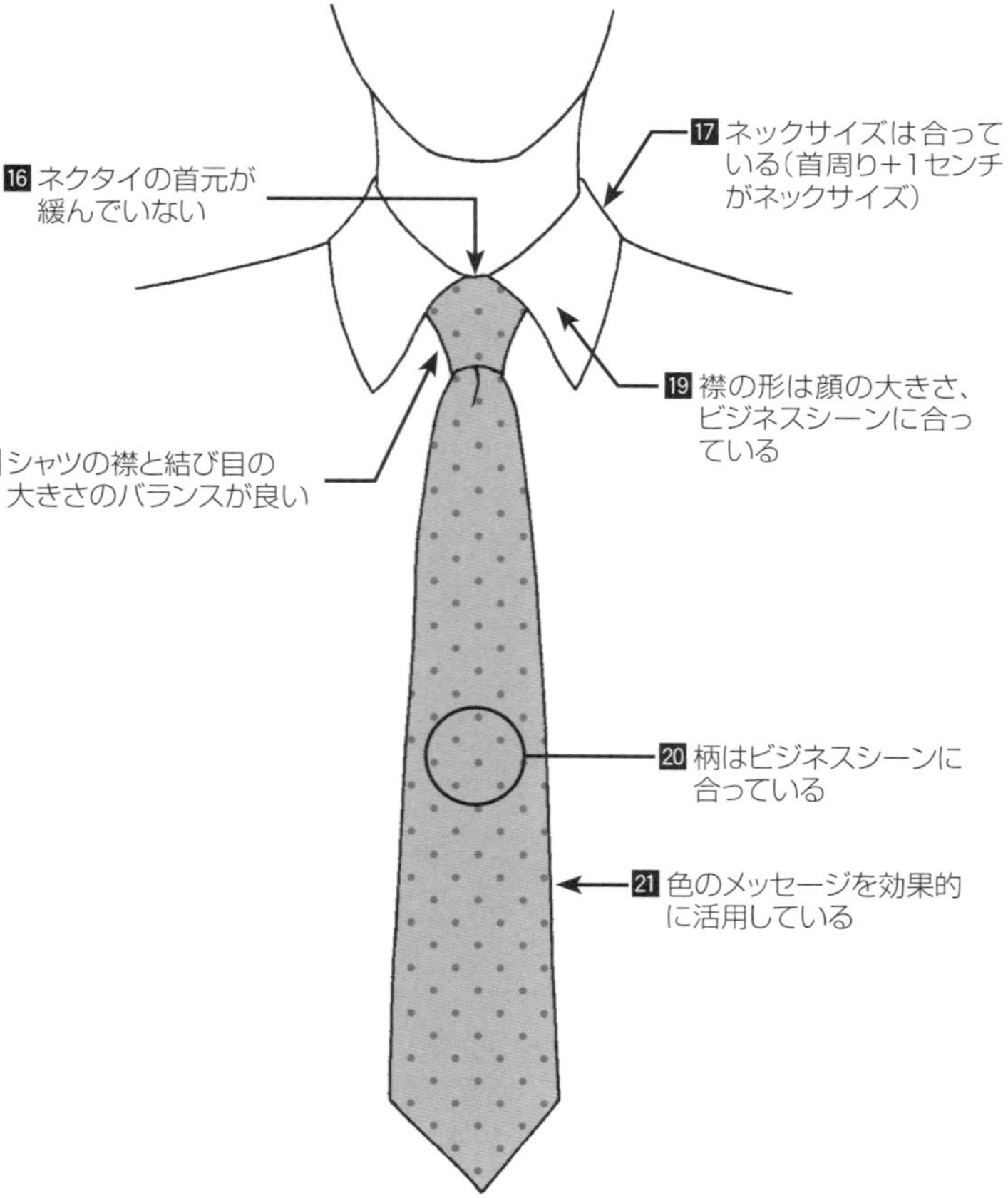

16 ネクタイの首元が緩んでいない
17 ネックサイズは合っている(首周り+1センチがネックサイズ)
18 シャツの襟と結び目の大きさのバランスが良い
19 襟の形は顔の大きさ、ビジネスシーンに合っている
20 柄はビジネスシーンに合っている
21 色のメッセージを効果的に活用している

正しい着こなしチェックポイント《ズボン・ベルト & 靴・靴下》

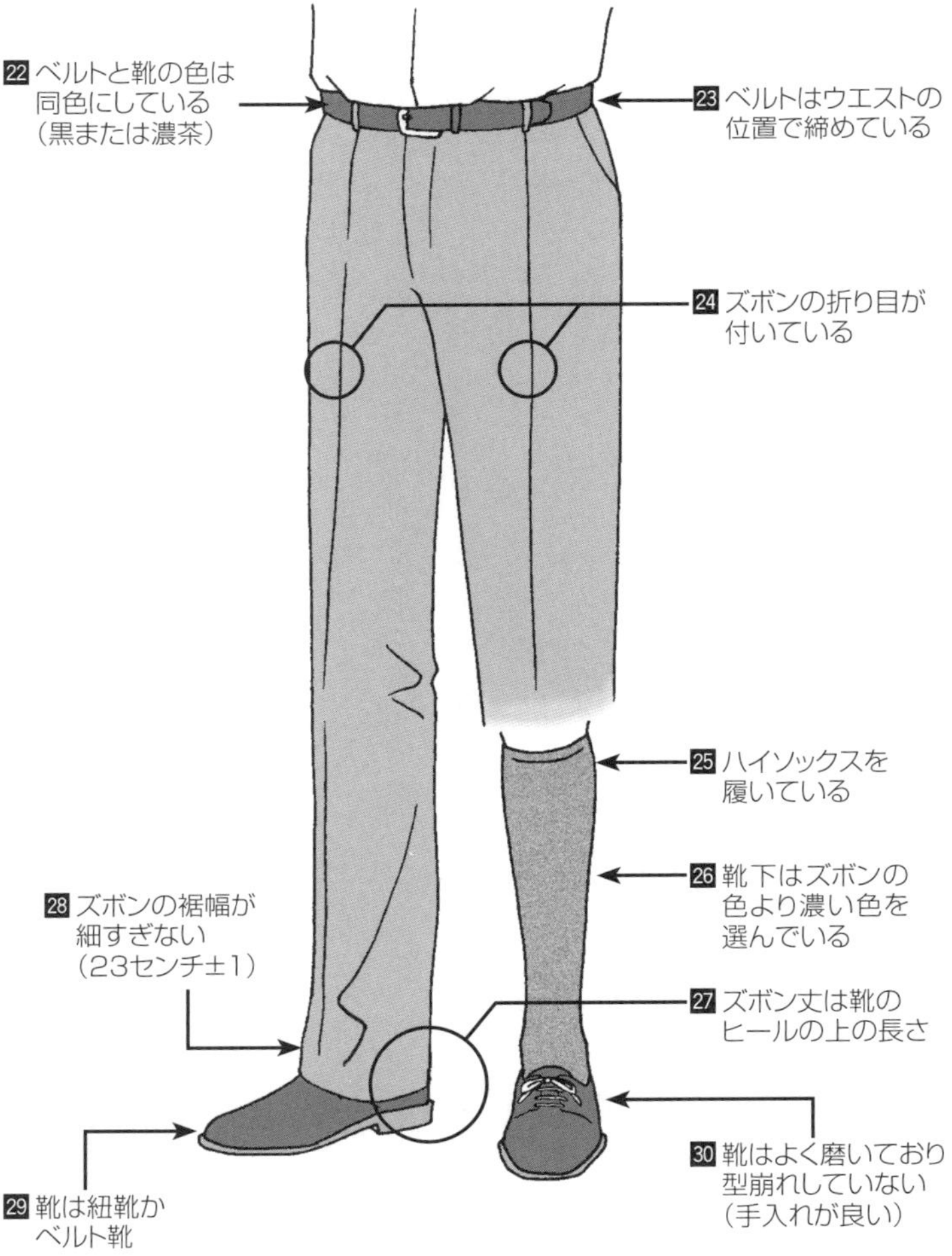
22 ベルトと靴の色は同色にしている（黒または濃茶）
23 ベルトはウエストの位置で締めている
24 ズボンの折り目が付いている
25 ハイソックスを履いている
26 靴下はズボンの色より濃い色を選んでいる
27 ズボン丈は靴のヒールの上の長さ
28 ズボンの裾幅が細すぎない（23センチ±1）
29 靴は紐靴かベルト靴
30 靴はよく磨いており型崩れしていない（手入れが良い）

さて、あなたはいくつ該当していましたか？

少し厳しいようですが、一流ビジネスパーソンの着こなしならば全て該当するのが当たり前、該当数が25個以下の人は総点検が必要です。でも、それ以前に、何が良いのか悪いのかわからなかった人も多いのではないでしょうか。

そこで、これからスーツの正しい着こなしについて学んでいきましょう。

その前に、もうひとつ大切なこと。一流ビジネスパーソンの着こなしをマスターするために、次ページで紹介している24のグルーミング（身だしなみ）チェックを、ぜひクリアしておいてください。清潔感ある身だしなみは、好感度アップの基本です。

24のグルーミングチェック

スーツ選びの大前提と言ってもいい自分自身のメンテナンスはちゃんとできていますか?

次ページに、体の部位別に24のチェックポイントを設けてみましたので、まずは自分の現在の状況を把握してみましょう。

良いスーツを着ているはずなのに、「野暮ったく見える」「すっきりと見えない」などと言われてしまうのは、このチェックをクリアできていないのが原因かもしれません。明らかに損をしていますので、いち早く改善に努めましょう。

身だしなみチェックポイント ≪フェイス編≫

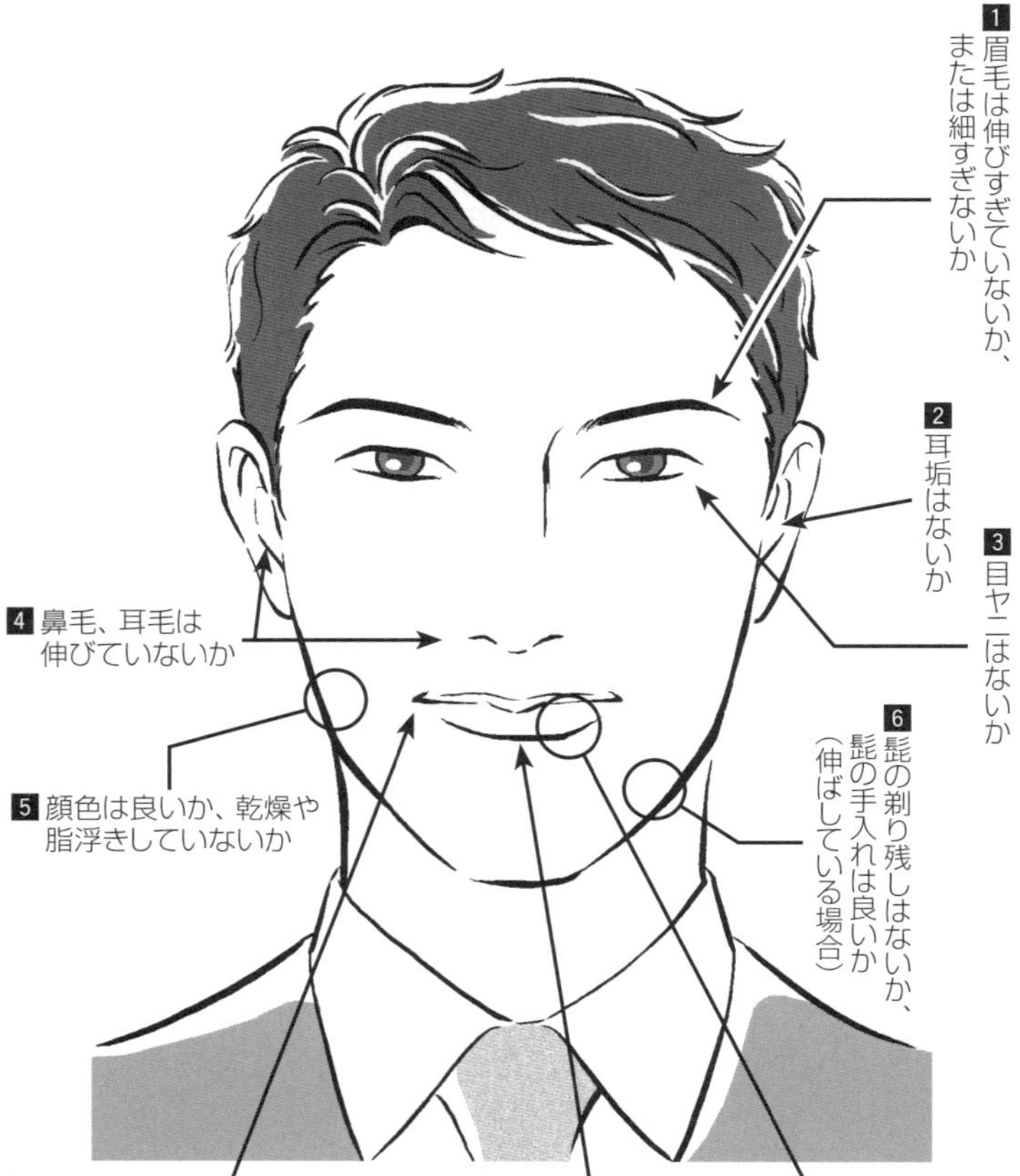
7 歯は健康か、色が黄色くなっていないか、歯並びは良いか
8 口臭はないか
9 唇は荒れていないか

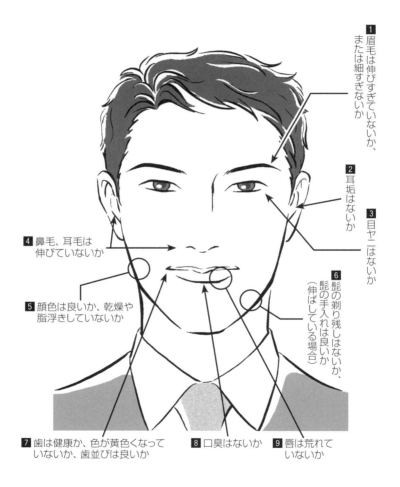

身だしなみチェックポイント《ヘアスタイル編》

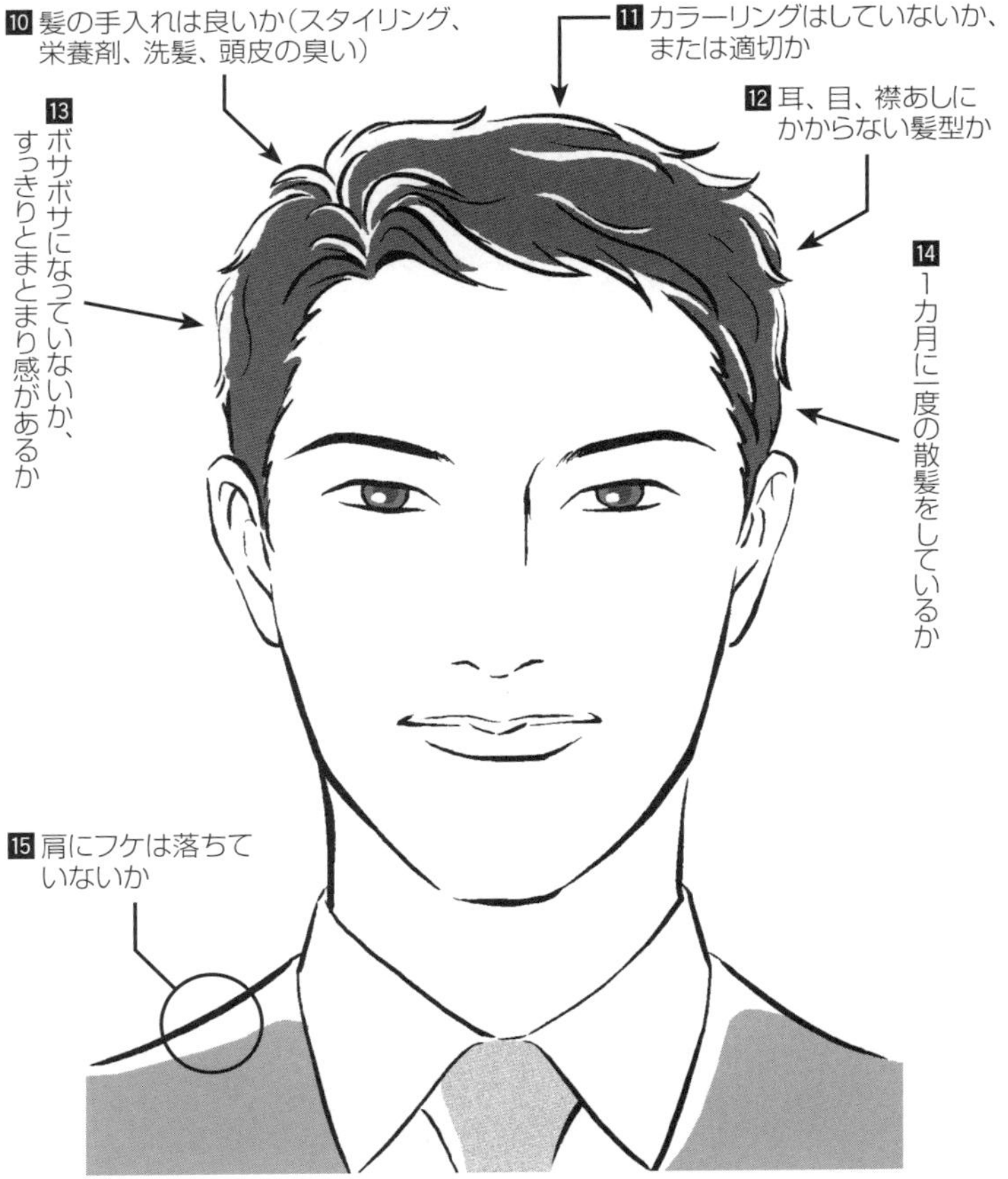
10 髪の手入れは良いか(スタイリング、栄養剤、洗髪、頭皮の臭い)
11 カラーリングはしていないか、または適切か
12 耳、目、襟あしにかからない髪型か
13 ボサボサになっていないか、すっきりとまとまり感があるか
14 1カ月に一度の散髪をしているか
15 肩にフケは落ちていないか

身だしなみチェックポイント《ボディ編》

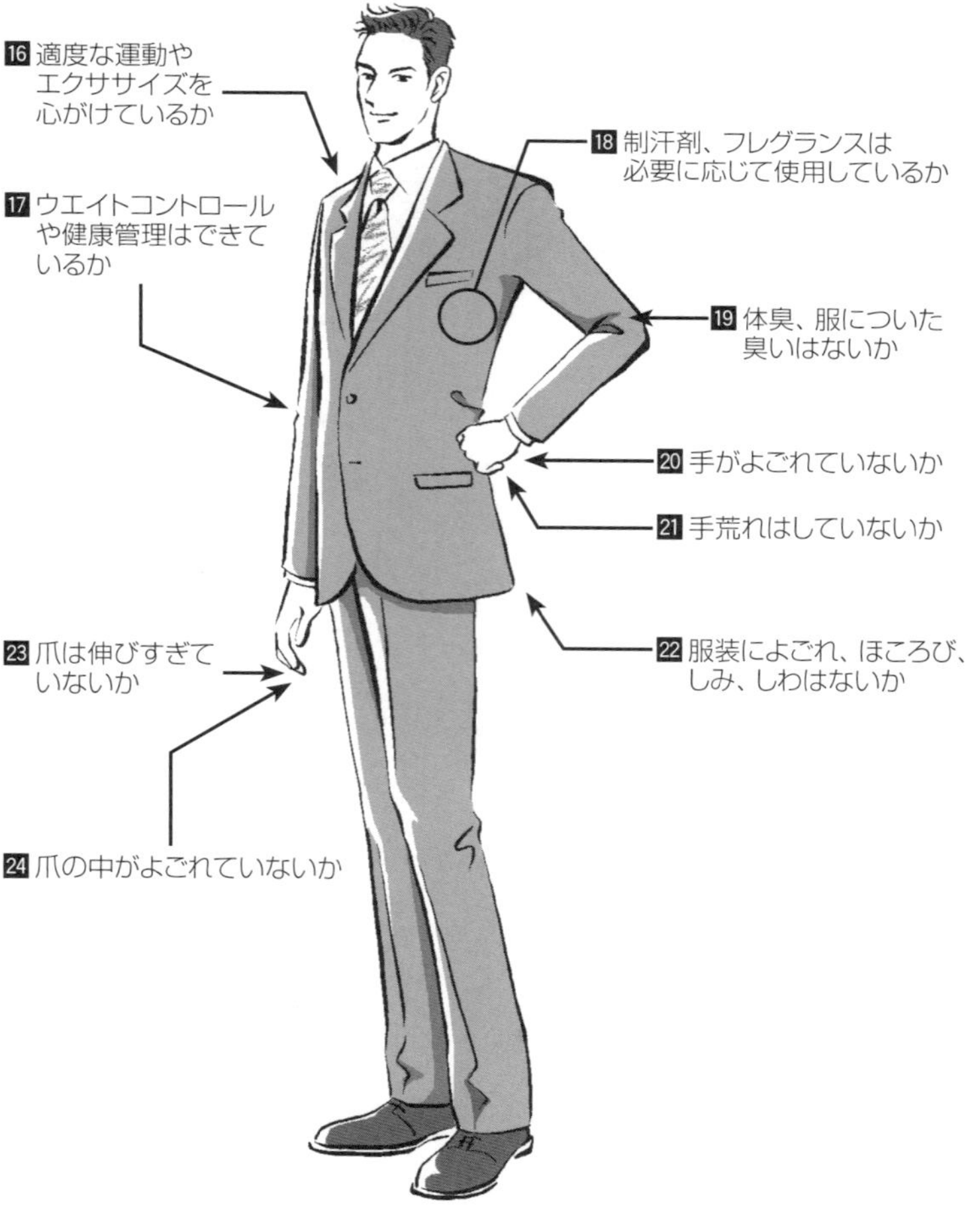

16 適度な運動やエクササイズを心がけているか
17 ウエイトコントロールや健康管理はできているか
18 制汗剤、フレグランスは必要に応じて使用しているか
19 体臭、服についた臭いはないか
20 手がよごれていないか
21 手荒れはしていないか
22 服装によごれ、ほころび、しみ、しわはないか
23 爪は伸びすぎていないか
24 爪の中がよごれていないか

ビジネススーツの着こなしに欠かせない清潔感ある身だしなみ

上質なスーツは完璧なグルーミングで着こなそう

いくら良いスーツを身にまとっても、着る人そのものがだらしないと台無しです。ここでは、体の部位ごとに手入れの方法を見ていきましょう。先のチェックで該当しなかったところは、とくに意識して実践していくことで、すぐに見違えるほどの変化が出ます。

フェイス編

眉毛、鼻毛、耳毛、髭と、毛には注意が必要です。常にメンテナンスをしておきましょう。また、歯の状態はいかがですか？ 人前で話すとき、黄ばんだ歯や歯並びが気になるようでは、さわやかな笑顔や大きな声が出にくくなってしまうものです。アメリカでは、幹部社員になる心構えができているという意思表示として歯を治します。スマイルラインと呼ばれる、上の前歯から犬歯までの6本はきれいにしておきましょう。

口臭にも気を付けてください。商談やプレゼン前に、ガーリックのきいたパスタや焼肉、生ねぎの薬味など、臭いの強いものは禁物です。口臭を防ぐには、食後の歯磨きやマウスウオッシュ、ガムでの口内洗浄、デンタルフロスや歯間ブラシでよごれを取り除くことを心がけます。

ヘアスタイル編

好感度が高いヘアスタイルにするには、「3つの元」をマネジメントすることです。「目元(眉毛も含めて)、耳元、襟元(襟足)」の3箇所に髪の毛がかからないのがポイントです。モミアゲがある場合は、耳穴の位置(高さ)までがデッドライン。業界職種によっても異なりますが、芸能人やスポーツ選手ではないことを心得ておきたいものです。

ボディ編

服に汗、タバコや食べ物の臭いが付いていないかをチェックしましょう。また、服装によごれ、ほころび、しみ、しわがないか、1日1回、鏡の前で360度自己評価を習慣付けましょう。

また、アフターファイブやプライベートなシーンには自分の香りを纏《まと》いたいものです。フレグランスの香りの種類はグリーン系、フレッシュ系、ウッディ系、スパイシー系、オリエンタル系などいくつかあります。グリーン系やフレッシュ系はビジネスシーンでも楽しめますが、香りが気になる人は、ボディコロン、洗顔ソープやアフターシェイビングローションなどをおすすめします。

なお、メンズフレグランスの「オー・ド・トワレ」は、上着の裏地、コートの裏地などに軽くスプレーして、ほのかに香らせるのが欧米紳士のマナーです。上半身の肌に直接付けるのは、香りが強すぎるので避けましょう。

ハンド&ネイル編

商品やカタログを広げて説明するときに、手荒れやよごれがないか、爪が伸びすぎていないかをチェックしておきましょう。グローバリゼーションにともない、日本においても握手をする機会が増えてきました。ときには、ネイルサロンで爪を磨いてもらうのもよいでしょう。

スーツは目指すポジションに合わせて選ぶ

それでは、具体的にスーツ選びのコツをお話ししていきましょう。ビジネススーツを選ぶとき、どのようなスーツを選べばよいのか。ひと言でいえば、あなたの価値を向上させてくれるバリューアップスーツを選ぶことです。

バリューアップスーツとは、自分のプレゼンス（存在感）を高めてくれるスーツ、今のポジションに合わせるのではなく、これから目指すポジションに合わせ、自分の価値を向上させてくれるスーツです。

スーツの「色、柄、形」＋素材（服地）をマネジメントして、自分の魅力を最大限に引き出すスーツを選んでいきましょう。残念ながらシャビーな（みすぼらしく見える）スーツでは、そのことが気になり、ビジネスに集中できないばかりか、何より気持ちが前向きになれません。自分の価値を向上させてくれるスーツを選ぶことで、自然に余裕と自信が生まれ、ビジネスを有利に進めることができます。

では、自分の価値を高めてくれるバリューアップスーツを選ぶコツとは一体何でしょうか。

ここで問題です。あなたはスーツを選ぶとき、次の何番を選びますか?

①今のトレンドのスーツを選ぶ
②自分の好きなブランドで選ぶ
③ショップスタッフに選んでもらう

さて、あなたは何番だったでしょう。

実は、どれも正解ではありません。それぞれ、リスクがあるからです。

まず、①を選んだ人は、浪費型のタイプです。

トレンドを追いすぎたスーツはそのシーズンだけしか着ることができず、コストパフォーマンスが悪くなります。ともすると、ファッションばかりに気をとられて仕事に集中していない人と見られ、ビジネスシーンでは軽薄に見えてしまうことがあります。

とくに、ビジネススーツの場合は、トレンドを適度に取り入れる程度にしておくのが賢明です。

次に、②を選んだ人は、すでに自分のイメージに合ったブランドを見つけていればOKですが、単なるブランド依存型は危険といえます。

そのブランドと自分の目指しているイメージが一致していればよいでしょう。つまり、ブランドのターゲットやコンセプトが自分に合っているかどうか、「グローバルに活躍するビジネスパーソンへ、ビジネスを成功させたい人のために」というコンセプトで作られたビジネススーツであれば最適です。ビジネススーツを探しているのに、「セクシーな男のスーツ、自由奔放に生きる人へ」というコンセプトでは当然合うはずがありません。

一口にスーツといっても、ビジネスの場で着るスーツ、ビジネスカジュアルに向くスーツ、週末やデートで着るタウンスーツ、バカンスで着るカジュアルスーツといろいろあります。ひとつのブランドやメーカーでもいくつかのラインを出していることを知っておくと、シーンに合ったスーツを選ぶことができるでしょう。

最後に、③を選んだ人は、他人任せ型のタイプです。

30代（あるいはそれ以上の年齢）になってスーツを自分で選べないのは、ちょっと困りもの。ショップスタッフや友人、恋人、奥様、ましてや親に任せてしまうのは、できる大人の男とはいえません。

起業や独立、または会社でのポジションが上がり、人をマネジメントしていく年代にさしかかった今、自分にふさわしいスーツを選ぶポイントは次の３つです。

- スーツの正しい知識を学ぶ
- 自分に合うものを知る
- 着心地の良いものを探す

その上で、ショップスタッフやテーラー（オーダーメイドで紳士服を作る際にデザインや服地の提案、仕立てを行う専門家）に自分の好みを伝え、自分にふさわしいスーツを選択することです。

自分の価値を高めてくれるパートナーを探そう

ショップスタッフも千差万別。ショップに行ったとき、スーツを選ぶ前にすべき大切なことがあります。それは、スーツの着こなしが良いのはもちろん、接客に優れ、ビジネスキャリアがあるスタッフを見つけることです。

最初から「うちの今年のトレンドは……」と近付いてきて一方的な説明をするショップスタッフは、決して良いパートナーにはなりえません。商品説明はできても、まずあなたを理解しようとしないスタッフは、あなたをイライラさせるだけで時間の無駄です。さらに付け加えれば、あなたがわからない横文字の専門用語で話しかけるショップスタッフも要注意です。なぜなら、これらは、あなたのニーズや興味を引き出すことを知らない二流のセールストークだからです。

2005年、ニューヨークに住む、メンズファッションデザイナーであり著名な服装評論家でもあるアラン・フラッサー氏に会ったとき、彼はこのように語っていました。「かつては、ショップの店員から服装のことを学ぶことが多かったが、今では学ぶことが少なくなった」と。

確かに日本でも、メンズショップのスタッフの知識格差が広がっているように感じます。ショップに行ったら、トレンドをよく知っているスタッフより、スーツの基本知識を持ち、相手のニーズとステージ（立場や役職など）を理解できるスタッフを探すことです。また、こだわりやウンチクを長々述べるテーラーより、優れたセンスを持ち、顧客本位のスーツ提案ができるテーラーを探してください。

ホスピタリティ（おもてなしの心）とソリューション（ニーズに合った提案と問題解決）を兼ね備えたパートナーを探すことができれば、間違いなくあなたを急激にステージアップさせてくれます。

あなたの価値を高めてくれるスーツを選ぶために重要なのは、スーツの知識だけではなく、あなたのビジネスステージをよくわかってくれるベストパートナーを探すことです。店員、家族、同僚、友人、恋人など、改めて周囲を見回してみてください。

もちろん、すぐにはなかなか見つからないかもしれません。そのようなときは、その道のプロである、信頼できるイメージコンサルタントに相談するのも良い方法です。ビジネスシーンをよく理解し、ドレスコードやビジネスマナー、テーブルマナーなども知っていますから、あなたを大きくサポートしてくれるはずです。

なかでも、世界43カ国にネットワークを結び、アメリカに本部を持つ国際イメージコンサルタント協会に所属しているイメージコンサルタントであれば、常に世界の情報とスキルをバージョンアップしていますので、グローバルな知識を背景にしたアドバイスを受けることができます。

アメリカでは、エグゼクティブに必要な3人のパートナーとして、弁護士、精神科医、イメージコンサルタントが挙げられています。

弁護士は、契約社会に備えるため。

精神科医は、多忙かつスピード判断を求められるストレス社会では、精神のバランス管理がきわめて大切なため。

そして、イメージコンサルタントは、自分のイメージマネジメント（インプレッションマネジメント、セルフプロデュース）をサポートしアドバイスしてくれるプロフェッショナルが必要なためです。

エグゼクティブに限らず、時代の流れとともに、やっと日本においてもイメージコンサルタントは身近な存在になりました。そして、今ではイメージコンサルタントに相談していることが、ひとつのステイタスにもなりました。

「ひとつ上のステージ」を目指すあなたも、イメージコンサルタントをパートナーに持ってみてはいかがでしょうか。

COLUMN できる人は、握手でわかる ～スマートな握手の仕方とは～

　グローバル化に伴い、日本のビジネス現場でも握手をする機会が増えてきました。実は、欧米では、その人物が信用できるかどうかは、まずは握手の仕方によって、相手を見極めるのです。

　それでは、どのような握手をすればよいのでしょうか。プロフェッショナルであることが伝わる握手のポイントは次の3つです。

① 距離はお互いの手を伸ばしたとき、肩が触れるくらい
② 目線を合わせる(アイコンタクト)
③ 笑顔が基本。右手でしっかりと握り、2～3回上下させる

　英語では「Firm & Professional」といい、手を握ったとき、隙間を空けずしっかりと握り、目線を合わせる握手が信頼を得る握手と言われます。

　「Death Fish」といって死んだ魚のように弱々しい握手や、その反対に強すぎる握手もダメ。冷たく湿った手もNGです。

　とくに気を付けたいのは、相手が女性や地位が高い人の場合、相手が手を出してから握手をすることです。グローバルマナーの、ちょっとしたポイントです。

　もちろん、握手をしたときにお辞儀はしません。

　言葉が充分通じなくても、あなたが信頼できるか否かは、最初の握手で決まるのです。

CHAPTER-2

スーツを正しく着こなすための知識

Suit

スーツの正しい基礎知識

それでは、これからスーツの正しい知識を学んでいきます。まず、あなたのスーツの知識度を確かめてみましょう。次ページから、スーツの基本となる用語を説明していきます。グローバルな活躍を目指す「ニッポンの幹部候補生」として、次の項目はきちんと押さえたいところ。さて、あなたはいくつ知っていますか?

スーツ(ジャケット)の名称

❶ラペル

上着の下襟のことをいう。ちなみに上襟はカラー。切れ込みの下の部分が斜め上にとがっているラペルを「ピークドラペル」(ピークは「山頂」の意味)といい、「ノッチドラペル」(ノッチは「刻み」の意味)はテーラードカラー(切れ込みが入った深いVゾーンの襟)のように、刻みの入った襟の総称。

スーツ（ジャケット）の名称

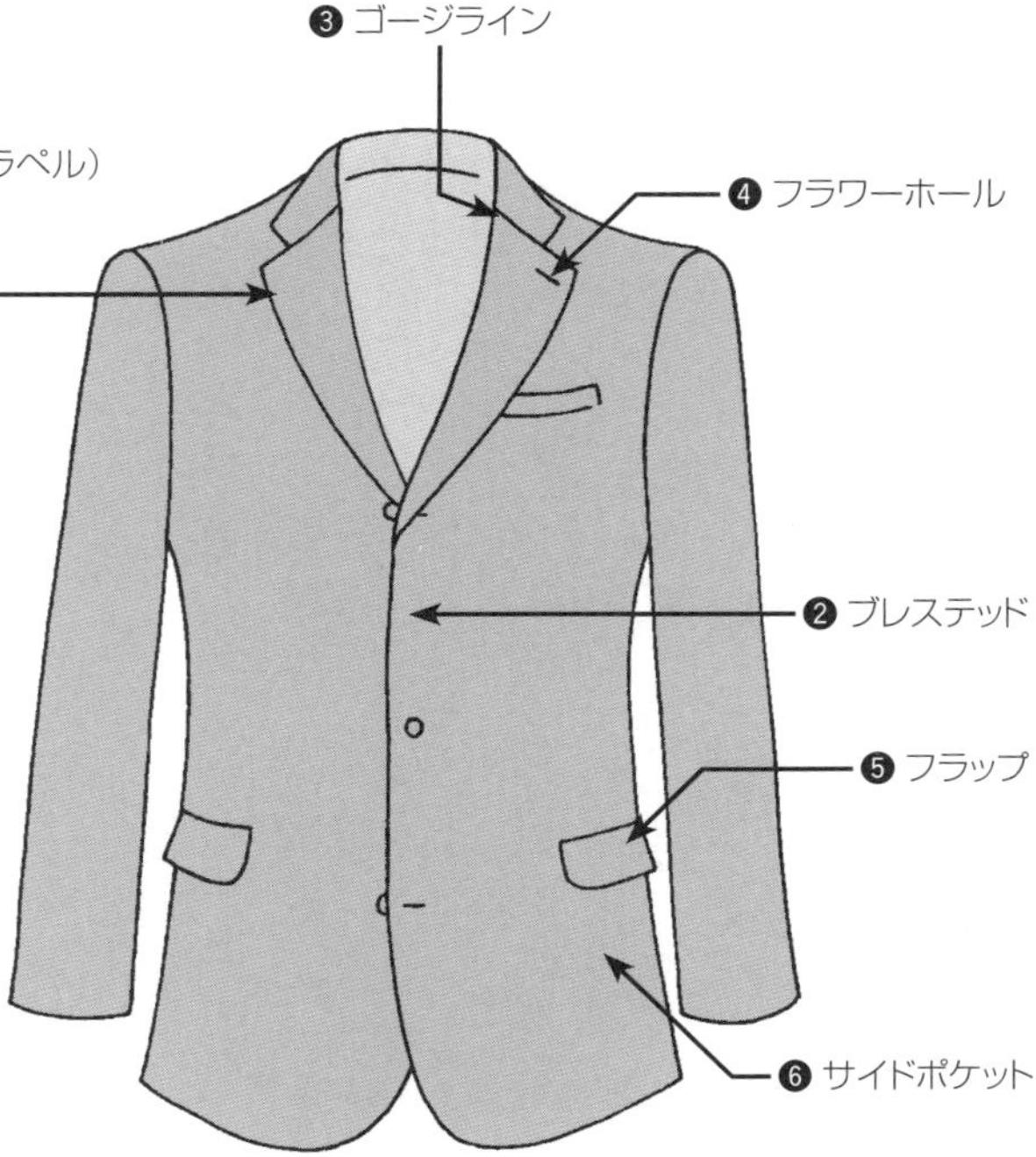

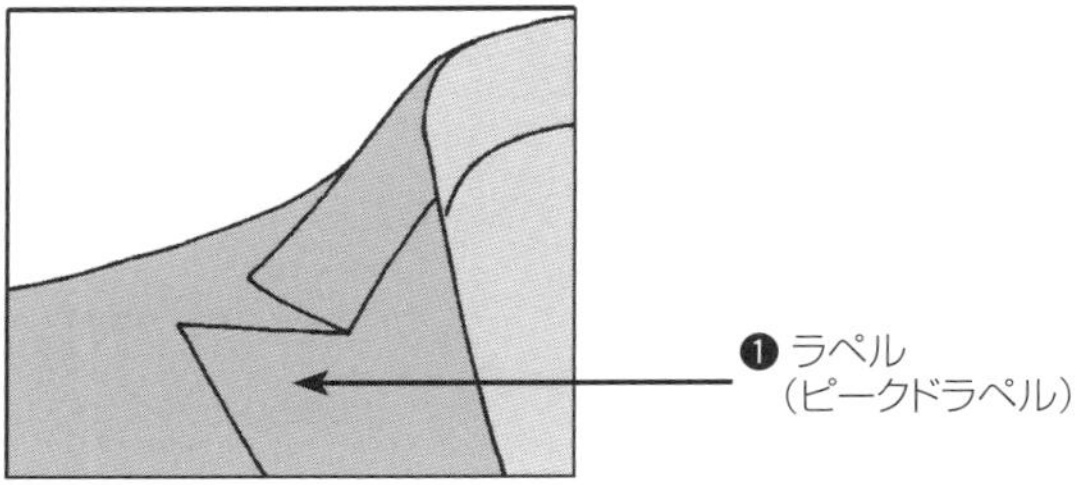

❷ブレステッド（またはブレスト）

上着の前打ち合わせのことをいう。「シングルブレステッド」はボタンが一列になっているスタイル。「ダブルブレステッド」はボタンが二列に並んだスタイル。通常、ピークドラペルはダブルブレステッド、ノッチドラペルはシングルブレステッドが一般的。

❸ゴージライン

上着の上襟と下襟の縫い目（襟の切れ込み）のこと。高低の角度によってトレンドが表現される。ゴージラインの位置が高いと精悍に見え、ゴージラインが低いと落ち着いた印象になる。最近ではゴージラインが高い、「ハイゴージ」がトレンド。

❹フラワーホール

風よけ用に襟を立てるためのボタンホールのなごり。その後、花を飾ったことからフラワーホール（花飾り穴）と呼ばれる。現在では、社章やバッジ、襟飾りを付けている。

❺フラップ

ポケットの蓋（ふた）のこと。蓋は本来、雨風をしのぐために付けられた。アウトドア向けの印象が強いので、おしゃれに気を配る紳士は、室内ではフラップをポケットの内側にしまい、外出するときは、表に出すようにしている。

サイドポケットの種類

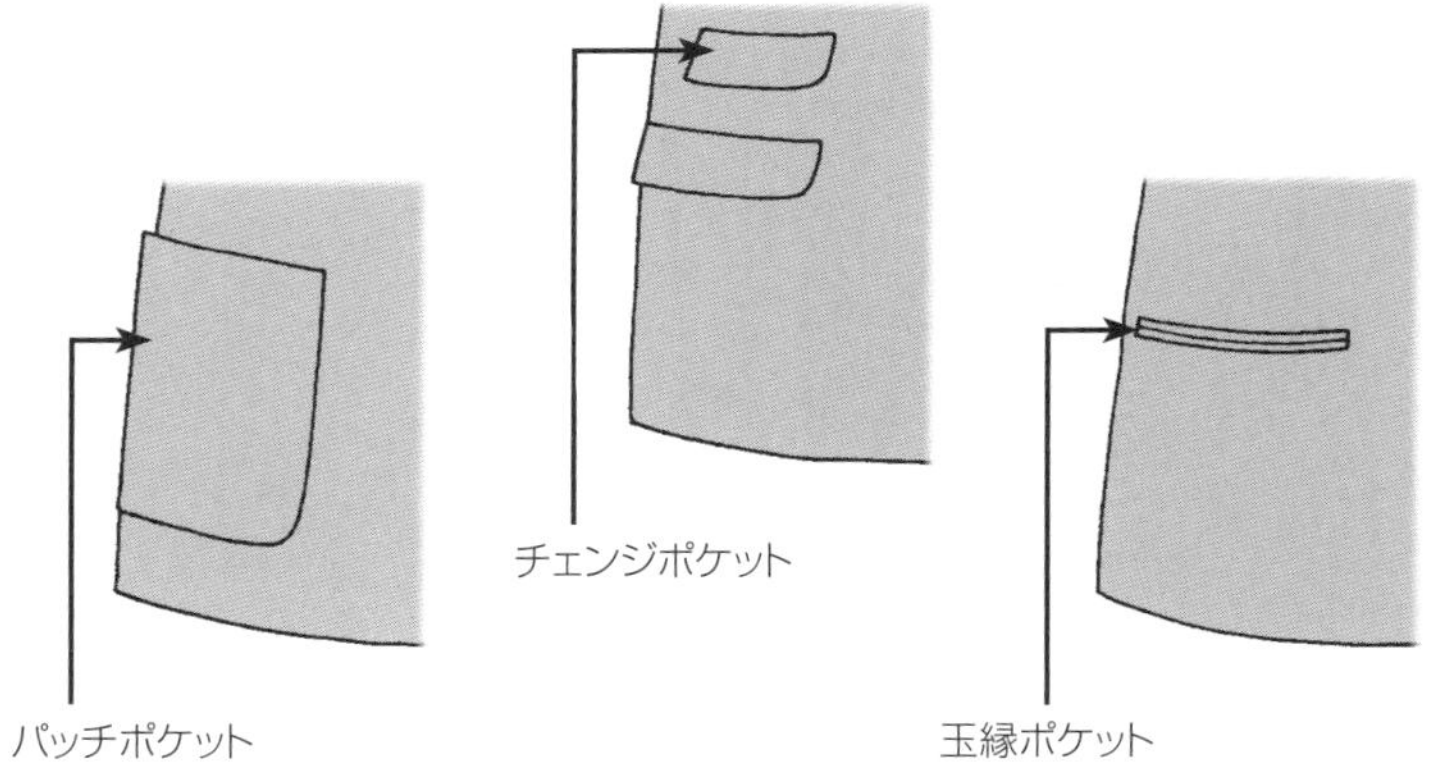

❻サイドポケット

上着の腰ポケットのこと。

代表的な3タイプを紹介すると、「玉縁（たまぶち）ポケット」はパイピングポケットともいい、共生地の細布でポケットの口（縁）を処理したもの（ラテンスタイルに多い）。

「チェンジポケット」は小銭用ポケットで、「チケットポケット」ともいう。右側のサイドポケットの中に小さな袋として作られることもある。

「パッチポケット」は外側から布を貼り付けたポケットのことをいう。ブレザーやカジュアルなジャケットに使用されるので、ビジネススーツには不向き。

❼ベント

上着後ろの開きのこと。スリットがない「ノーベント」、真ん中の1カ所が開いている「センターベント」（ベント上部がカギ状のものは「フックベント」と呼ばれる）、左右の2カ所が開いている「サイドベンツ」の主に3タイプがあります。ベントは、もともと乗馬のために動きやすくした加工のなごり。

ベントの種類

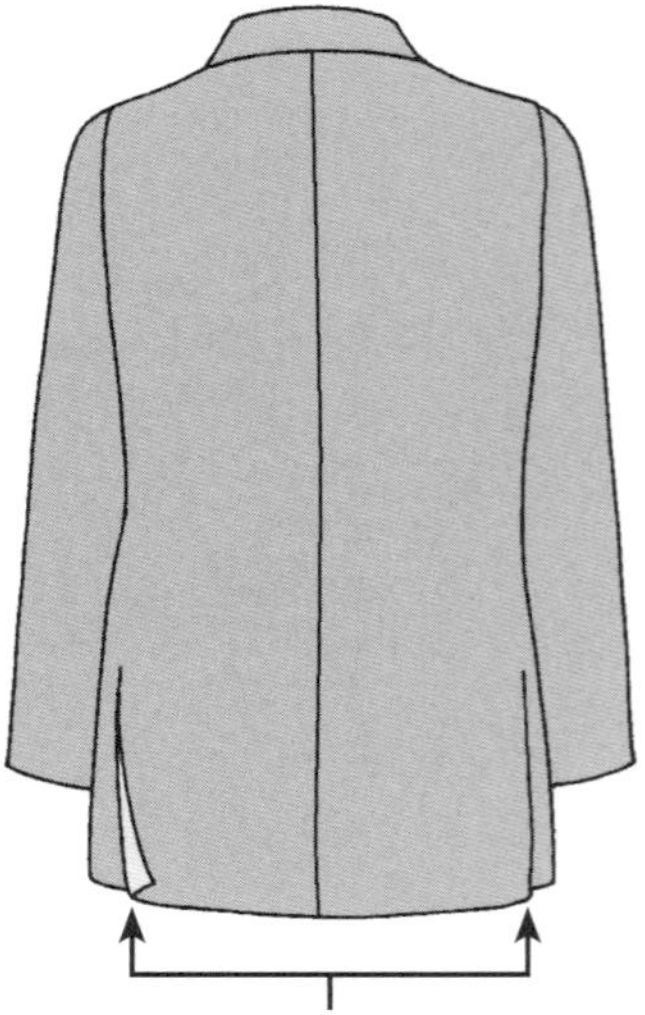

サイドベンツ

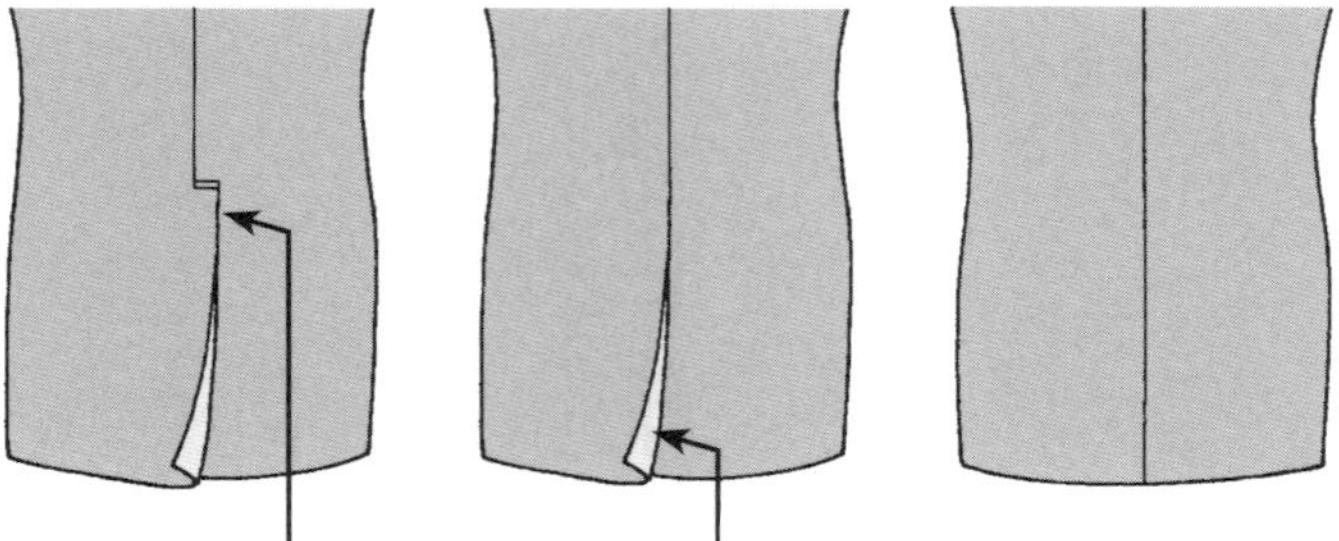

フックベント　　センターベント　　ノーベント

ズボン(トラウザーズともいう)の名称

❽ベルトループ

ベルトをズボンに固定させるために付けられたループ(輪)のこと。一般的には6つまたは7つの場合が多い。

❾クリース

ズボンの前後に縦に入った折り目。プレスラインとも呼ばれている。

❿プリーツ

腰のまわりに余裕を持たせるために施された、前面の左右に入るヒダのこと。左右に2本ずつ入ったものをツープリーツ、1本の場合はワンプリーツ、入っていないデザインをノープリーツという。クラシックなスーツは縦のラインが美しく見える、ツープリーツが基本だが、最近ではノープリーツが多くなり、ノープリーツでも腰まわりが窮屈にならないデザインのものが増えてきた。

⓫カフス

ズボンの裾やシャツの袖口の折り返しのことをカフという。外側に折り返したデザインをダブルカフス(ダブル)、折り返しのないものをシングルカフ(シングル)という。

スーツのズボン(トラウザーズ)の名称

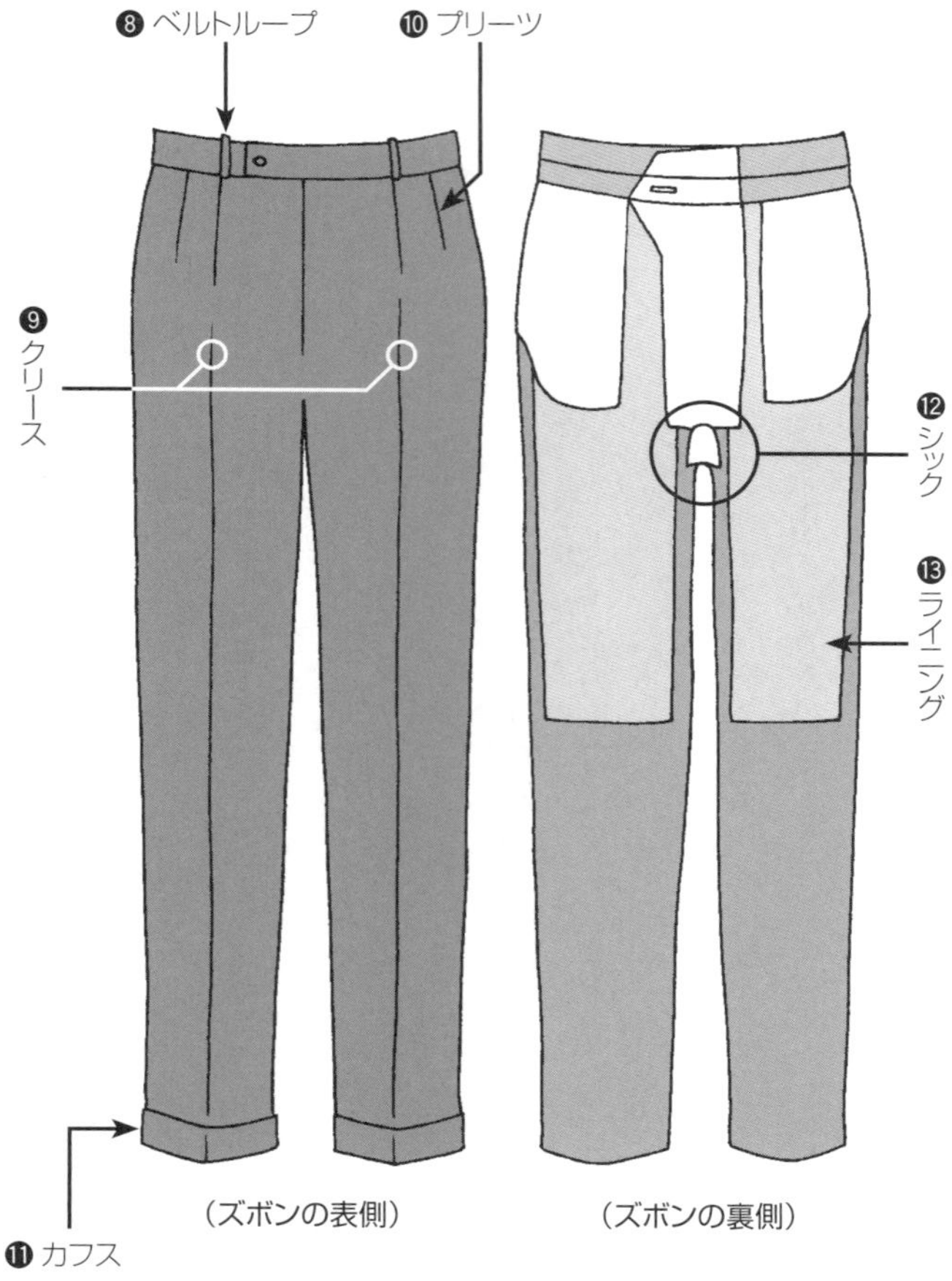

折り返しの幅は、3・5センチから4・5センチが一般的。

ズボンの形

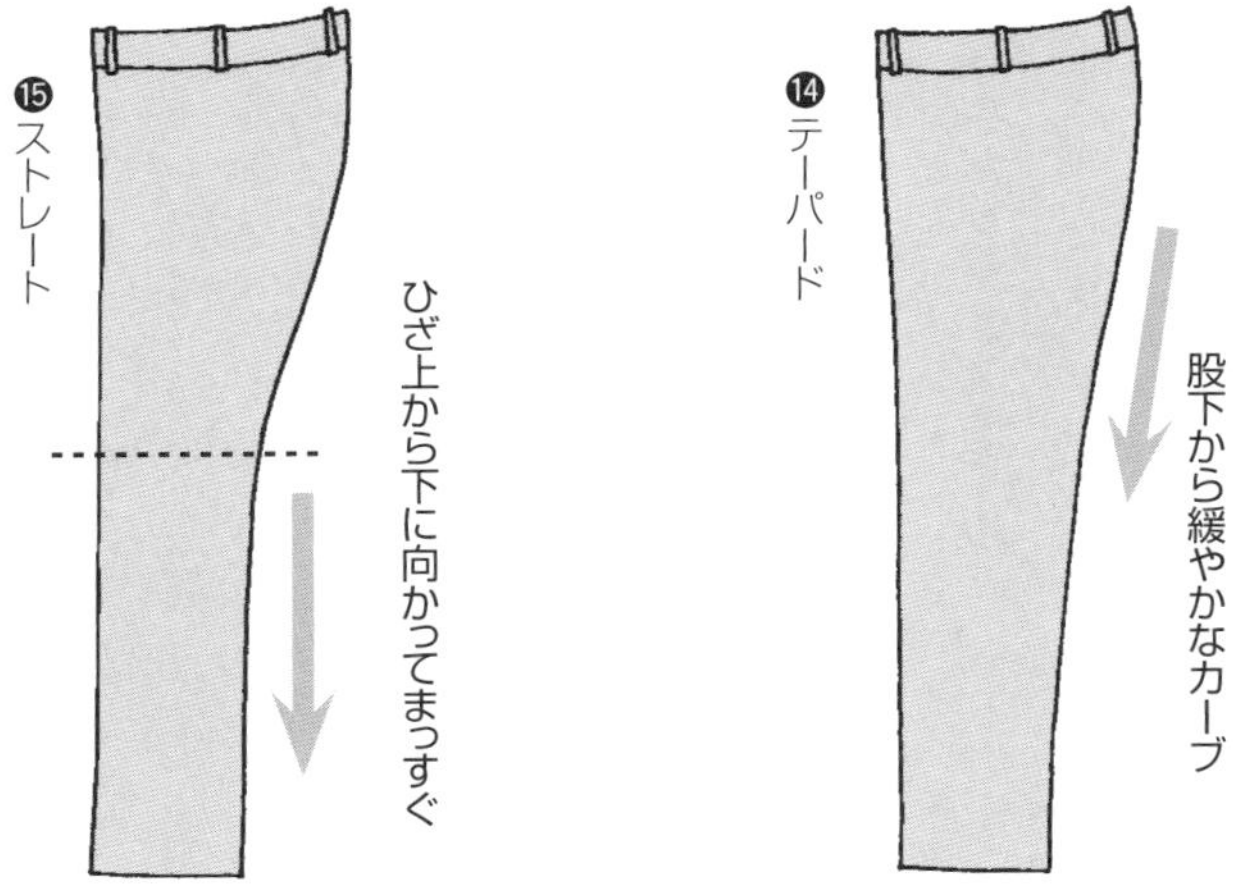

⑫シック

股部分にシックと呼ばれる布が付いている。擦り切れたり、穴が開いたりしないよう補強し、汗を吸い取り生地が傷むのを防ぐ。股ずれ防止効果もある。

⑬ライニング

裏地のこと。着脱時に脚の滑りをよくし、汗を吸い取る。キュプラ生地が一般的。

⑭テーパード

腰のあたりはゆったりとして、裾口に向かって先細りになるシルエットのズボン。

⑮ストレート

全体的にほっそりとしたラインで、ひざ上から裾口に向かってまっすぐになっているシルエットのズボン。

スーツスタイルには3つの基本がある

基本のスーツスタイルの特徴を知る

スーツのスタイルは、大別すると主に3つになります。ブリティッシュスタイル、アメリカンスタイル、ラテンスタイルです（左図参照）。現在のスーツの原形は、かつて英国で生まれたラウンジスーツといわれていますが、時代とともに変遷してきました。背広の語源にもなったといわれる、ロンドンのサヴィル・ロウ（テーラー街）のテーラーメイドが基本であり、スーツの原点といえます。

ブリティッシュスタイル

サヴィル・ロウのテーラーメイドを基本としたブリティッシュスタイルは、コンケープドショルダーといい、肩線が首の付け根からくぼんで、肩先でやや反り上がり、肩が角ばったラインが特徴です。ウエストはかなり絞り込んだスーツを基本としています。

ブリティッシュスタイル

アメリカンスタイル

ラテンスタイル

ウエストを絞ることで胸のたくましさが強調され、美しいドレープがあるのがブリティッシュスタイルです。上着は、英国紳士が小銭（チェンジ）を入れるためのチェンジポケット、サイドポケット（上着の腰脇にあるポケット、ウエストポケットともいう）が斜め後ろに傾いている（スラント・ポケット）というのも特徴です。

⚜アメリカンスタイル

アメリカンスタイルは、ナチュラルショルダーといって、パッドが入らないか、または薄いパッドで、肩は自然なラインです。ウエストは絞られていないストレートなシルエットが特徴で、身体をゆったりと包み込むタイプ。一般的に、アメリカントラッドとも呼ばれています。

サイド（腰）ポケットは真横にまっすぐのフラップ（蓋付）ポケット、そしてフックベント（背中の中央に切り込みがあり、上部が鍵型になっている）が特徴的です。ベントの種類については52ページを参照してください。

上着は、段返りと呼ばれ、3つボタンスーツの第一ボタンの下部までラペル（襟）が折り返っています。ラペル（下襟）がロールして、第一ボタンが隠れるタイプです。

長身で肩幅があり、体格がいい人であればアメリカンスタイルが似合います。

⚜ラテンスタイル

ラテンスタイルは、フレンチスタイルとイタリアンスタイルに分かれています。

フレンチスタイルの場合、肩は丸みがあり肩幅はやや広く、ウエストがブリティッシュスタイルほど絞られていません。自然にスーツの裾が腰に沿うラインで、男性的なブリティッシュスタイルに比べると女性的なやわらかいラインが加味されています。

イタリアンスタイルは、ローマやナポリのテーラーメイドに見られるように、肩を包み込む丸みのあるショルダーラインと、やや絞り込まれているウエストラインが特徴です。フレンチスタイルに比べると男性的なラインといえます。

一般的に日本人は、小柄でなで肩の体型であることから、比較的、ラテンスタイルが似合う傾向にあります。

ビジネスはシングルスーツ、フォーマルはダブルスーツ

スーツには大きく分けて、ボタンが1列に付いているシングルブレステッド（シングルスーツ）と、ボタンが2列に並んだダブルブレステッドスーツ（ダブルスーツ）があります。ビジネスではシングルスーツ、フォーマルではダブルスーツが基本となります。シングルスーツは身体をすっきりと見せ、ダブルスーツは威厳をイメージさせます。

シングルスーツには、主に3つボタン、2つボタンのスーツがあります。ここ数年は3つボタンが主流でしたが、最近では2つボタンが流行っています。3つボタンはクラシックかつ若々しいイメージがあります。一方、2つボタンは3つボタンに比べ落ち着いたイメージがあり、体型もカバーできます。

着こなしのマナーとして、3つボタンの場合は、中一つ掛けか上二つのボタンを掛けます。ファッションとしては、中一つ掛けが主流ですが、ビジネスシーンの着こなし

では、上二つのボタンを掛けることをおすすめします。

なぜなら、中一つ掛けの場合、座ったときやプレゼンテーションで演台があるとき、相手から見ると上着のボタンがすべて掛けられていないように見えてしまうからです。ビジネスシーンでは、大事なクライアントや目上の方に合うとき、さらには謝罪の場面では、このような誤解があってはなりません。ビジネス上のリスクマネジメントと捉えておいてください。

ダブルスーツは、主に4つ、6つボタンがあります。一般的に、ビジネスではシングルスーツが基本となりますが、ダブルスーツを着てもまったく問題ありません。風格を出したいときは、ダブルスーツが適しています。よりフォーマル感があり重厚な雰囲気が醸し出されますから、管理職や重役クラスに向いています。

とくに、ダブルスーツを着用する場合に気を付けたいのは、上着のVゾーンの空きが広すぎないこと。Vゾーンが広いと、ともするとだらしなく、品を落としかねないので要注意です。ダブルスーツは、着こなしによって印象の格差が大きいスーツです。

後ろ姿の印象は「ベント」で決まる

ベントとは上着の後ろにある開きのことで、3つのタイプがあります（52ページ参照）。「ノーベント」はラテンスタイルに、「センターベント」はアメリカンスタイルに、「サイドベンツ」はブリティッシュスタイルによく見られます。「ノーベント」はクラシックな印象に、「センターベント」は、アイビー・ルックやブレザーの軽快な印象。「サイドベンツ」は、エレガントで落ち着いた印象となり、ズボンのポケットに手を入れたプレゼンスタイルをしてもおしりが見えないので、欧米では人気があります。

腰が張っている人は、「サイドベンツ」の方が身体の収まりが良いのでおすすめです。後ろ姿も見られていることを意識し、自分の体型と相談して選ぶのがコツです。

数年前は「サイドベンツ」、最近では「センターベント」が多くなりました。ベントにも流行があり、数年ごとに繰り返されます。自分の体系に合うタイプが優先ですが、好みや流行も取り入れるとよいでしょう。

ジャストフィットを纏《まと》う

ジャストフィットとは、スーツを着たとき、自分の身体のサイズにピタリと合う、ということです。

ジャストフィットのスーツは、上着を着た瞬間に肌に吸い付くような一体感があります。服のサイズが合わないと、服が身体から浮き上がり違和感があります。服の違和感が気になると肝心の仕事に集中できない上に、着疲れしてしまいます。

普通、人の身体は左右対称ではなく、多くの場合スーツのどこかに歪みが出ます。とくにスポーツで身体を鍛えている人は、一部の筋肉が発達し、うまくスーツがフィットしないことがあります。全体を鏡に写してよく点検し、全身ジャストフィットするように仕立てるか、5ミリ単位で調整するようにします。

ジャストフィットを見つけるには、次の5つのポイントをチェックしましょう。

❶肩にピタリと合うか

肩が大きすぎないか、小さくないか、前身ごろや後ろ身ごろのしわ、つれはないか

❷襟の吸い付きが良いか

襟が浮いていないか、ギャップ（隙間）はないか

❸アームホール（腕の部分）は合うか

腕がだぶついていないか、腕を動かしやすいか

❹着丈がヒップラインに合うか

上着丈は親指の第一関節くらいで、ヒップが隠れるくらいの長さか

❺ズボンはフィットしているか

座ったときに苦しくないか、ヒップ、大腿部がきつくないか

スーツは「肩」で着る、ズボンは「ウエスト」で履く

スーツの「肩」を合わせて、できる自分をアピールしよう

では、どうすればスーツを正しく着こなせるでしょうか。ここで重要なのは、大リーグのイチロー選手ではありませんが、「肩」です。

実は「スーツは肩で着る」という言葉もあるように、スーツとの相性は、着た瞬間に「肩」でわかるものなのです。ピタリと合い、しかもしっくり馴染むそのときの印象が、ジャストフィットスーツを選ぶポイントです。

肩が合っていないスーツは、着心地が悪いのはもちろん、姿勢にも影響し、疲れた感じに見えてしまうこともあります。スタイル以前の問題として、まずは肩で着るスーツを選ぶことが前提です。自分の体格に自信がない人でも、スーツの肩がピタリと合えば、頼れる肩ができあがるのです。

肩が決まると全体が決まり、背筋が伸び、軽快感が出てきます。どんな人でも、それ

だけでビジネスシーンでの印象がアップしますから、ぜひ覚えておいてください。

⚜ブカブカ、ピチピチスーツはもう卒業

企業の研修に伺うと、まだ残念ながら、一般的に肩がルーズで上着がだぶついている人を見かけます。自分の肩幅より大きいスーツを着ると、身ごろにしわが寄り、つれるなどの症状が出てきます。また、上着の前ボタンをかけると、10センチくらい身体より大きくだぶついて、その隙間から下の床が見えている人もいます。これでは、スマートな「できるビジネスパーソン」の印象は相手に伝わりません。

さらに、最近、30代前半の社員に見られる傾向は、スーツがタイトすぎることです。女性のジャケットのように上着丈が短い、ジーンズのようにズボンの裾幅が細い、股上が浅い人が多く見受けられます。

このようなピチピチスーツは遊びの要素が強くなり、グローバルなビジネスの場では幼く見え、ビジネスキャリアのなさを露呈しているようなものです。仕事に集中していないようにも思われ、「会社に遊びにきているのか」と誤解されかねません。

そして、ビジネススーツのズボンはウエストラインで履くのが基本です。ビジネス

用には、股上が深いタイプものを選び、ウエストラインに合わせて履くことです。ジャストフィットのウエストサイズは、手が入るか入らないかくらいが目安です。

ジーンズのように股上が浅く、ヒップボーンで履くズボンは、確かにトレンディかもしれませんが、ビジネススーツというより遊びに着ていくタウンスーツでカジュアルな印象を相手に与えます。とくに、胴の長さが気になる人は、絶対に避けましょう。股上が深いクラシックなタイプは、脚を長く見せてくれます。

世界的に見ても日本人のファッション意識は高く、良いものを見る目も持っています。しかし、ともするとトレンドを追いすぎて、やや軽薄で子供じみて見えてしまいます。一般的に小柄で胴が長く童顔な日本人は、落ち着きを感じさせる着こなしに気を配ることが大切です。

ビジネスパーソンらしいスーツ選びをするコツは、トレンドに流されるのではなく、トレンドを適度に取り入れるようにすることです。

とはいえ、ビジネススーツの場合、トレンドといってもクラシックスーツの基本範囲を超えることはありません。芸能人、アスリート（スポーツ選手）やファッション業界では、職業柄、最先端の流行を思いきり取り入れ、はずした着こなしで目を引いて個性をアピールしている人もいます。

しかし、一般のビジネスパーソンの場合は、周囲を驚かせる色柄、シルエットやトレンドを強調しすぎる個性的な着こなしは、真剣なビジネスの場に向きません。価値観がさまざまなクライアントに、好感を与えることが何より重要だからです。

スーツの選択や着こなしにも、ビジネスシーンに着るスーツとプライベートに楽しむファッションとのオン・オフの切り換えができているのが、一流のビジネスパーソンの着こなしといえるのです。

色は濃紺とチャコールグレイが王道

ビジネススーツの色は、普遍的、伝統的なクラシックスーツに見られる、濃紺とチャコールグレイの2色が基本です。ダークスーツとも呼ばれ、濃紺は1番目、チャコールグレイは2番目に購入するスーツです。この2色があれば、世界中、どのようなビジネスシーンでも対応できます。

濃紺は色彩心理から誠実さ、信頼感を感じさせます。引き締まった印象があり、力強さが伝わります。しかも日本人にとって顔映りが良い色なので、ビジネスマンなら必ず揃えておきたい色です。

濃紺のスーツは、プレゼンや大切な契約、式典、転職の面接などで、自分を力強く見せてくれる、パワードレッシング（キャリアや能力をアピールする服装）といわれる「ここぞ」というときの勝負スーツに最適です。

チャコールグレイは、濃紺に比べソフトで落ち着きを感じさせ、風格が出る色です。

一対一の商談、上司や部下との面談などの際、さりげなく堂々と見せてくれます。

そして、黒は本来、礼服のイメージがありますが、最近では、都会的でスタイリッシュな印象を与えるスーツとして登場しています。ただし、クリエイティブな職業の人などは、シングルブレステッド（前合わせのボタンが1列のもの）であればビジネススーツとして着ることができますが、1番目に選ぶスーツとしては感心しません。


スーツの色で必ず話題に出るのが、1960年、アメリカ大統領候補だったケネディとニクソンのテレビという新しいメディアによる第1回目の討論会です。ご存じの方も多いでしょう。

ケネディはテレビで濃くはっきりと映る濃紺のスーツ、赤と青のストライプ柄のネクタイ、ブルーのシャツを着るなど、カメラ映りの良い服装を心がけ、若々しさをアピールしました。

しかし一方のニクソンは、過去の実績と自己の弁舌には自信を持っていましたが、テレビでは、ぼんやりとぼやけて映ってしまう茶系統のスーツで登場し、印象が薄く、疲れたように見えてしまいました。ケネディの圧勝であったことはいうまでもありません。

それ以来、ブラウンのスーツは、ビジネスシーンでは負けのスーツとなり、敬遠されるようになりました。さらに茶色は、一般的に日本人の黄色い肌には似合いにくく、老けて見えることがあるので気を付けたいものです。

ちなみに、ケネディに敗れたニクソンも、その後、好感を与える服装や外見を心掛け、次の大統領選で見事当選を果たしました。

その他、ライトグレイやカーキ色のスーツは、ビジネスカジュアル向きといえます。夏の暑いシーズンのノーネクタイスタイルや郊外での研修会、出張の際の移動にはよいでしょう。

スーツの柄は無地かストライプ

スーツの柄もビジネスシーンで使い分ける

ビジネスに向くスーツは、無地かストライプが基本柄となっています。ストライプの種類には2本の異なる幅や色のストライプが交互になっているオルタネートストライプ、鉛筆で線を引いたようなペンシルストライプ、チョークで線を引いたような穏やかなチョークストライプ、ピンで刺して点線を描いたように見えるピンストライプがあります。また無地でも、よく見ると織り目がニシンの骨に似たヘリンボーン（和名は「杉綾」）やピンで細かい点を打ったようなピンドットなど、細かい織柄があるものが適しています。

ウィンドウペーンは窓枠ガラスのような格子柄で、目立たない細めのチェックであればビジネススーツに向きます。ソフトで穏やかな印象を与えるので「ここぞ」というときのパワースーツにはなりませんが、面談のない日、普段のオフィスワーク、初対面

スーツの柄の種類

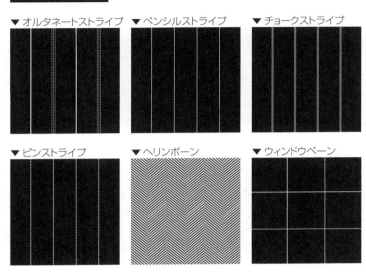

▼ オルタネートストライプ

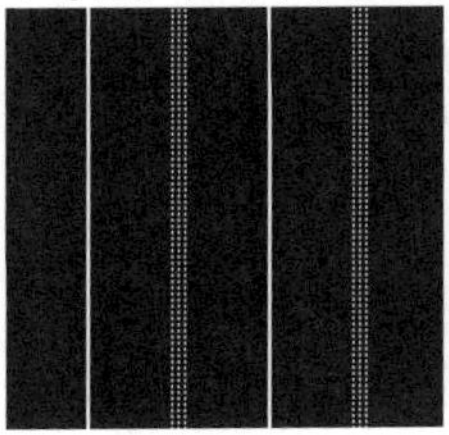

▼ ペンシルストライプ

▼ チョークストライプ

▼ ピンストライプ

▼ ヘリンボーン

▼ ウィンドウペーン

の人と会うことが少ない内勤者向きです。

スーツの服地

スーツの服地は、1年を通して天然素材の羊毛(ウール)が基本です。良質なウールを選べば、しわの回復が早く、出張の多い人にも安心です。スーツを買うとき、スーツの袖のあたりを軽く握り、しわにならず、すぐに元に戻れば良質なウールの証拠です。スーツを選ぶとき、着る前に、まず試すことです。

ビジネスに向くスーツの代表的な服地には、丈夫なウーステッド、ギャバジン。フラノやサキソニーは冬のみ、夏はトロピカル、ポーラ、モヘアがあります。麻やコットン、カシミアはビジネスカジュアル向きです。光沢があるベネッシャンは礼服などによく用いられます。また、スーツ地にシルクが入ると、ちょっとしたパーティなどに着用できるドレッシーなダークスーツになります。

スーツの中には、「Voyage（ボヤージュ）」「Traveler（トラベラー）」などと名称が付けられ、しわになりにくい加工がほどこされたスーツやしわに強い繊維をミックスした服地のスーツがあります。これらは普段のビジネスにはもちろん、飛行機、車、電車など長時間の乗り物による出張向きなので覚えておくとよいでしょう。国内外の出張が多いビジネスパーソンにとっては、一着揃えておくと重宝します。

日本の蒸し暑い夏に対応した軽量で涼しいスーツがありますが、機能ばかりを重視すると見栄えが悪く、スーツの上からシャツが透けたり、ともするとみすぼらしい姿に見えることがあるので気を付けてください。

ズボンの裾幅でキメる

ズボンがキマれば全身が決まる！

日本人は一般的にズボン丈がうまく決まっていないことが多いようです。ズボン丈が短いと脚が短く見え、長すぎるとだらしなく見えてしまいます。ズボン丈を気にすることで、スーツ全体のイメージがガラリと変わってきます。

適切なズボン丈は、ズボンの裾が靴の前の甲に軽く乗り、ワンクッション入るくらい。後ろは靴のヒールの上1センチくらいに合わせます。カジュアルスーツのようにズボンの裾幅が20センチほどの細いタイプは、靴の甲に軽く触れるくらいのやや短めにします。ズボン丈がうまく決まらないと、全体のシルエットがまとまりません。颯爽と見えるかどうかの、大きな分かれ道です。

また、ズボンの裾の前後の高低差が1・5センチくらいのモーニングカットにすると、脚が長く見えます。そして、スーツの袖丈同様、ズボン丈は左右別々に測るというのが基本です。片方だけ測って両方とも同じ長さに揃えるショップが多いのですが、きちんと両方の丈を測り、調整するようにしてください。人の脚の長さは左右同じとは限らないからです。

ズボンの裾は、折り返しがないシングルカフがビジネススーツの基本となります。シングルカフの方が、横のラインが入らないので脚が長く見えるメリットがあります。ダブルカフは、かつて英国エドワード七世が散歩やスポーツをするために裾を上げたのが始まりと言われ、カジュアルで洒落た印象になります。ダブルカフにすることで足元に重みが加わり、ズボンのシルエットが美しく整うことは確かです。シングルカフかダブルカフかは、スーツのタイプとのバランスもありますが、基本的には好みで決めて問題ありません。

ズボンの裾口幅は23±1センチ

ビジネススーツのズボンの裾口幅は23±1センチが基本です。

これは、映画「007」のジェームズ・ボンドが愛用していることで

ズボンの裾の種類

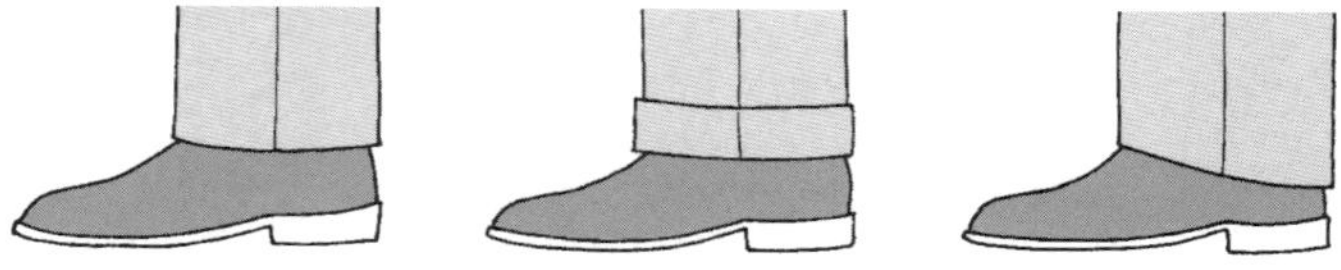

知られ、「スーツの王様」と呼ばれる、イタリアのブリオーニのスーツがひとつのお手本となるでしょう。23センチは、時代に左右されず、普遍的なスーツスタイルのズボンの裾口幅です。軽快でスタイリッシュに見せたいのであればマイナス1センチの22センチ~22・5センチ幅をおすすめします。最近、若者のスーツによく見る、ジーンズのように細い20センチ以下のズボンは、カジュアルな印象になりビジネスには不向きです。

また、風格のあるダブルカフのスーツは、裾口幅を24センチにすると全体的に落ち着いた印象になります。しかし、25センチ以上になると太めのズボンになり、やや古めかしいイメージになってしまうので注意が必要です。

プリーツでデスクワークを快適に

最近、ズボンのプリーツ(53ページ参照)はノープリーツが流行っていますが、クラシックなスーツには必ずプリーツがあります。プリーツがあることのメリットは、ズボンの縦のラインがきれいに見えることと、何といっても履き心地が楽になることです。デスクワークが多い人には、プリーツがあるタイプが適しています。また、ウエストの気になる部分を上手にカバーしてくれる、というメリットもあります。

クラシコイタリア仕様で次のステージへ

「クラシコイタリア」とは？

最近では、世界的に見てイタリアンスタイル、なかでも「クラシコイタリア」に人気があるようです。英国やアメリカの有名ブランドにも、そのエッセンスが取り入れられています。私も「『クラシコイタリア』とはどういうスーツなのですか？」という質問をいただくことが多くなりました。

「クラシコイタリア」の本来の意味は、イタリアの高級服地・縫製技術を扱うアパレルグループの団体、組織のことを指しますが、今日では、スーツスタイルのひとつとして位置付けられ、「クラシコモデル」「クラシコスーツ」などとも呼ばれるようになっています。

つまり、各社、スーツの仕様に多少の違いはありますが、イタリアの高度な縫製技術に支えられたエレガントな仕立てを意味しています。クラシコイタリアは、スーパー

100's／120's／140's／160'sという極細番手による手触りの良い高級生地を使い、要所に手縫いを用いた体に馴染むシルエットが特徴です。

スーツの服地は、普通、極細番手の90番手くらいから高級服地といわれます。番手とは糸の太さの単位をいい、数字が大きくなるほど糸が細くなり、艶がありしなやかな高級服地になります。番手が上がるとスーツの値段もそれに比例して上がります。高級既成スーツではスーパー180'sまで店頭で見ることができます。そこまでいかなくてもスーパー100's／120'sでも、手頃な価格で充分に服地の美しさを味わうことができるので、ひとつの目安にするとよいでしょう。

クラシコイタリアのもうひとつの特徴は、マニカ カミーチャと言われ、上着の肩先、袖(マニカ)付け部分に、シャツ(カミーチャ)のようなギャザー(布を縫い縮めて作ったひだ)を自然に入れていること。そのため着たときに身ごろがつることなく腕が動かしやすく、やわらかなイメージを表現してくれます。その他、ノーベント(52ページ参照)、フラップの付いていない玉縁ポケット、袖の4つの重ねボタンも特徴的なところです。

肩周りが楽で適度なフィット感があり着心地が良いこと、服地の色、柄の豊富さやしなやかさ、洗練されたデザインなどの要素から、ここ数年、着心地にこだわる人たちの間で人気が高まっています。

競争が激しく、企業も個人も明確なアイデンティティが求められる今日では、自分の個性が表現しやすいスーツが求められています。このようなビジネス環境の変化もあり、通称クラシコモデルに人気があるともいえるのではないでしょうか。

いずれにしても、ショップに行ったら、ディスプレイされているスーツがどのようなスーツスタイルなのか、スーツの特徴を見分けることができるとスーツ選びが楽しくなります。

クラシコモデルの主な仕様

クラシコモデルは、いずれも仕立てに手間をかけ、手縫いの部分がより多くなっています。各メーカーによって少し異なりますが、次に、主な仕様10項目について簡単に解説しておきましょう。

❶高級服地

英国やイタリアの高級ウールを扱う生地メーカーの服地を使用し、同じスーツの仕立てでも、耐久性はもちろん、色や風合いに大きな差が出る。

クラシコモデルの特徴

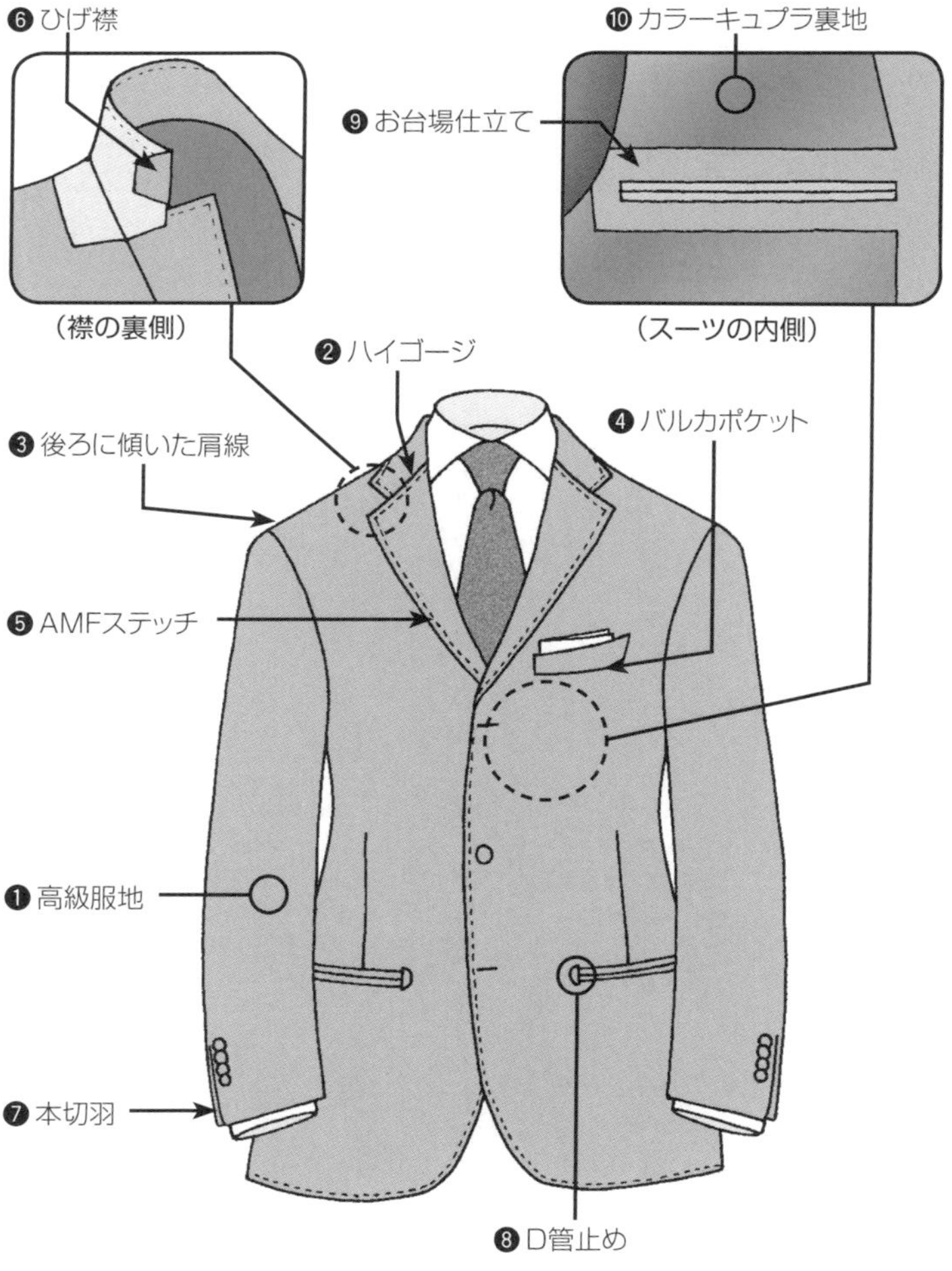
❻ ひげ襟
（襟の裏側）
❿ カラーキュプラ裏地
❾ お台場仕立て
（スーツの内側）
❷ ハイゴージ
❸ 後ろに傾いた肩線
❹ バルカポケット
❺ AMFステッチ
❶ 高級服地
❼ 本切羽
❽ D管止め

❷ハイゴージ

ゴージラインが高いタイプ。ゴージラインが高いと下襟の面積が広くなり、すっきりとスタイリッシュに見える。仕立てに手間がかかるため、高級スーツとされている。

❸後ろに傾いた肩線

肩線がやや後方に傾くことで、胸を張った堂々とした印象に。しかし、日本人は欧米人に比べて前肩(やや猫背気味)なので、やりすぎには注意が必要。

❹バルカポケット

舟底ポケットのこと。胸板のカーブに合わせて、胸ポケットが緩やかな斜めの曲線を描いて上っている。

❺AMFステッチ

手づくり高級仕立ての証とされるハンドステッチ。ハンドステッチミシンで刺したステッチが、襟、前身ごろ、胸ポケットなどに施される(AMFはこのミシンを開発したアメリカン・マシン・ファウンドリー社の略)。

❻ひげ襟

上襟裏の両端に折り返しがついている部分。上襟を付け替えていたころのなごり。

❼本切羽

本開きともいう。上着の袖口ボタン穴をステッチだけではなく、実際に開けたもの。また、4つボタンの重ねボタン（キッスボタン）は、その名の通りボタンがわずかに重なり合い、さりげない遊び心がある。

❽D管止め

ポケットの端を「D」の形に施した糸かがりのこと。ポケットの口が裂けるのを防ぐためで、ズボンのヒップポケットにも使われる。

❾お台場仕立て

表地を内ポケット周りまで延長させた仕立て。もともと裏地の張り替えの際、ポケット周りの処理をしやすくするために考案された。

❿カラーキュプラ裏地

ポリエステル裏地より肌触りがよく、シルクに似た光沢感があるキュプラの裏地。通常、スーツ地の色はある程度決まってしまうが、オーダースーツの場合、裏地に関しては自分の好みの色を選択できる。

スーツのブランドと気になる値段

スーツの「ブランド」は知っておくべき?

「ブランド」にあまりこだわる必要はありませんが、スーツをオーダーするとき、または既成スーツを買うとき、主なブランドについて知っておいて損はないでしょう。なぜなら、多くのスーツメーカーが、なんらかの形で老舗ブランドの影響を受けており、服地やデザインの源流を知っておけば、スーツタイプの傾向を把握しやすい、というわけです。

ビジネススーツの老舗ブランドは、英国では、サヴィル・ロウのギーブズ・アンド・ホークスや日本人に昔から人気のあるダンヒル、バーバリー、アクアスキュータム。アメリカでは、リンカーンやケネディなど米大統領が愛用したブルックス・ブラザーズをはじめ、ポール・スチュアート、ポロ・ラルフローレンなどが知られています。

そして、スーツの王様といわれるブリオーニ、さらにキートン、エルメネジルド・ゼニアという老舗イタリアブランド、フランスのドーメルなど、さまざまなヨーロッパ老舗ブランドがあります。1980年代からは、米国のエグゼクティブたちを中心に注目されるようになったアルマーニが紳士服にエレガンスという概念を持ち込み、ビジネススーツのイメージを大きく変えました。

いずれのブランドにも伝統と独自の哲学があります。気になるブランドがあれば、一度、上着の袖を通してみるのも良い勉強です。一見同じようなデザインやシルエットに見えるスーツでも、実際に着てみると、着心地に大きな違いがあることがすぐに体感できます。その中から、自分の身体に合うブランド、スーツタイプが見つかるはずです。

どのブランドにも、「クラシコライン」「ビジネスライン」「エグゼクティブライン」などと名付けられた普遍的なスーツラインと、そうではないトレンドを意識したスーツラインが用意されています。もちろん、ビジネススーツであれば、前者がおすすめです。

老舗ブランドに限らず、気に入ったシルエットのスーツラインを見つけたら、ひとつのブランドに決めてみることが、自分に合うスーツ選びの第一歩です。

気になるスーツの値段

これからは、手頃なスーツ2着を買うよりも、目指すポジションにふさわしい上質なスーツを1着買うことをおすすめします。上質なスーツは着る人の価値を高め、丁寧に扱う分、長持ちするので、結局はおトクです。

そこで、気になる値段。服地、仕立てが比較的しっかりしたスーツは6万円から10万円位。さらに風合いの良い服地、好みのシルエットにこだわれば、15万円位が目安です。20万円になるとフルオーダーに近い形のイージーオーダー、またはパターンオーダースーツも手に入ります。

それ以上、30万から50万円以上なら、デザイン、仕立て、服地の風合いがいちだんとよく、同じスーツスタイルでも気品が感じられ、見る人が見ればすぐにわかる最高級のスーツが手に入ります。表からは見えない芯地まで巧みに考えられ、手作業が多く丹念に作られており、スーツに相当こだわる人かエグゼクティブにふさわしいスーツといえます。

スーツの価格は主に、国産か舶来服地か、どこで縫製されているか(中国、日本、イタリアなど)、ハンドステッチ部分の多少、芯地の良しあしによって異なります。たとえば、セレクトショップなどで売られている既成スーツを見てみると、同じ高級イタリア服地でも、縫製が中国とイタリアでは、極端な場合、前者の方が10万円くらい安いこともあります。

ちなみにひと昔前には、日本のテーラー業界のフルオーダーによるスーツは、30万から35万円が相場でした。しかし、その後、量販店を中心に激安スーツが売られるようになると、一時期、本格テーラーの人気がすっかりなくなってしまいました。

しかし、近年、テーラー業界ではさまざまな工夫と努力を重ね、フルオーダーに近い仕立てで、ジャストフィットのスーツがリーズナブルな価格で手に入るようになっています。どの程度スーツに投資するかはあなた次第ですが、まずは、クローゼットにあるスーツのワンランク上を目指してみてはいかがでしょうか。

ス・ミズーラで好みの一着

スーツを仕立てる場合は、次の3つのタイプがあります。

- イージーオーダー
- パターンオーダー
- フルオーダー

まず、イージーオーダーは、服地を選び、ある程度決まったパターンの中で、自分の好みのスタイルをオーダーするタイプです。スポーツで特別な筋肉を鍛えた人、背が高い人など、一般の既成服では一部分が体型に合わない、という人におすすめです。

次に、フルオーダーに近い形でのパターンオーダースーツです。ス・ミズーラ「su misula」、メイドトゥメジャー「made to measure」などと呼ばれ(あなたのサイズに合わせたイージーオーダーメイドの意)、仮縫いがあるところもあります。イージーオーダーより自分の好みの服地やパターンの選択肢が多く、最近はこのタイプに人気があります。

最後は、完全なフルオーダーのテーラーメイド。英国では「ビスポーク」、イタリアでは「サルトリアーレ」と呼ばれ、ていねいな採寸をもとに、その人だけの一着が手に入ります。

仕上がり期間は、イージーオーダーで1～2週間、パターンオーダーで2～3週間、フルオーダーでは1カ月～3カ月が目安ですが、テーラーやショップにより、仮縫いの回数や国内あるいはイタリアなど、どこで縫製するかによってかかる時間が異なってきます。なお、スーツをオーダーする際、生地見本が小さい場合があります。このようなときは、袖先に生地見本をかけて見てください。着ている感覚に近づき、仕立て上がりのイメージをうまくつかむことができます。

もうひとつ付け加えれば、テーラーメイドの場合、販売スタッフに任せるだけでは、自分にぴったりのスーツは望めないことがあります。スーツをオーダーする場合、感性ある職人のいるテーラーと教養あるアドバイザーを選ぶことが、着心地が良い最高の一着を作るポイントです。

ぴったりのスーツを見つけるためにマイサイズを知っておこう

フルオーダーの採寸は15カ所ほど必要ですが、身長のほかに、最低次の7つを知っておくと、既成スーツやドレスシャツを選ぶときに素早く選択でき、修正も適切に行うことができます。

❶総丈……首の付け根から素足のときの床までの長さ
❷上着丈……総丈の2分の1の長さが基本
❸胸囲……バストサイズ(スーツサイズの表示は胸囲が基本)
❹胴囲……ウエストサイズ
❺股下……足の付け根からズボンの裾までの長さ
❻裄(ゆき)丈……首の付け根から手首の付け根までの長さ
❼ネックサイズ……首回りのサイズ(首の周囲を喉仏の下で測る)

シャツを買うときは、実寸よりも＋1センチ、ハイカラーや第一ボタンがデュエ・ボットーニと呼ばれる2つボタンの場合は、＋2センチの緩みを加えた長さがジャストフィットです。

オーダー前に知っておきたいサイズ

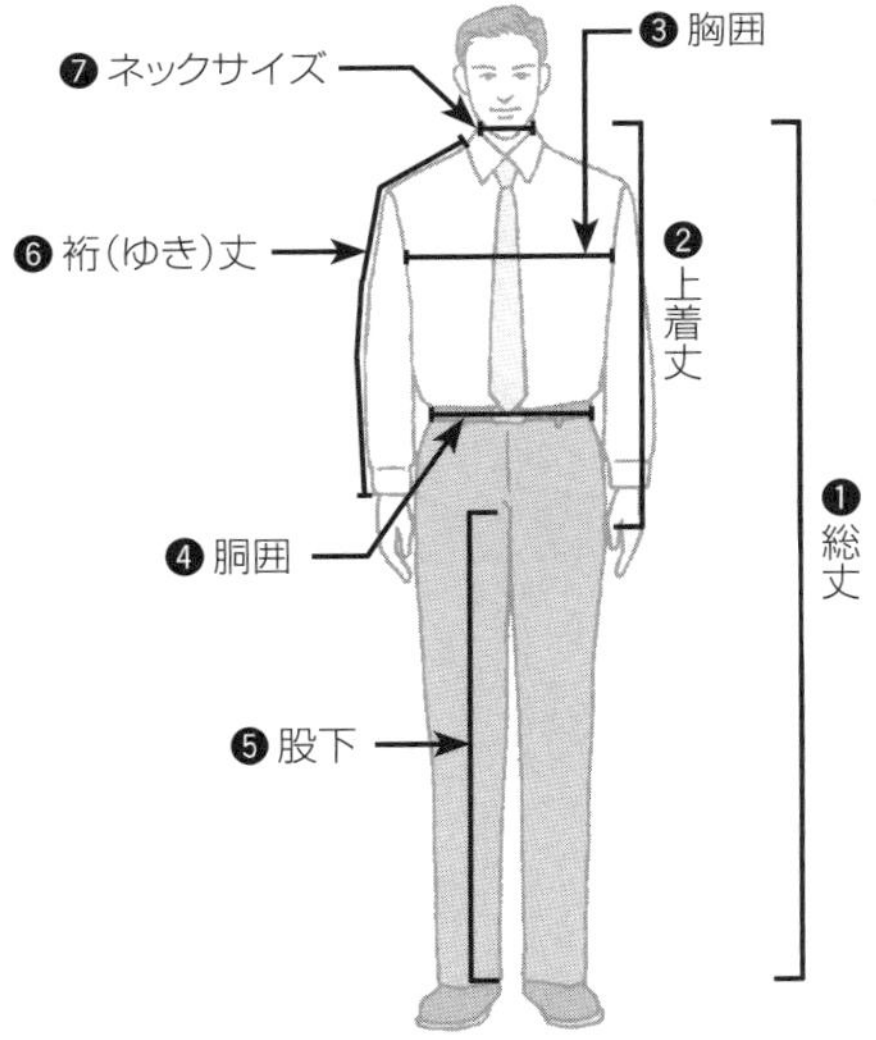

さて、あなたは、すでにここまで随分スーツに詳しくなったのではないでしょうか。今までお話ししたスーツの名称やスタイルの特徴、マイサイズを知っておくと、ショップスタッフやテーラーがあなたに合うスーツを探しやすくなります。しかも、スーツのことをよく知っている、興味を持っているということで会話も弾み、彼らから一目置かれ、良い接客やサービスを受けられることは間違いありません。

COLUMN 上着ポケットのフラップは外に出しておくのが正しい？ 中に入れるのが正しい？

最近、企業研修でもこのように質問されることが多くなりました。このような質問を受けるたびに、日本人も随分、服装への意識が高くなったと感じます。

そもそもフラップは、外出向きの上着やコートに、雨風をしのぐために付けられたものです。とくにおしゃれに気を配る欧米の紳士は、今でも室内では上着のフラップをポケットの内側にしまい、外出時は表に出しています。しかし、出入りの頻繁なビジネスの場では、外出先でそのつどこの基本動作を繰り返していたのでは、肝心な仕事に集中することができなくなってしまいます。一般のビジネスシーンでは、フラップを外に出したままでもルール違反ではありません。

ただし、グレード感のあるホテルなどで、社交を伴う会食やパーティ、レセプションに出席するときは（本来は、フォーマル感のあるフラップなしのダークスーツに着替えたいところですが）上着のフラップをポケットの内側にしまった方が賢明です。中には服装にうるさい人がいるかもしれません。

絶対にしてはいけないことは、片方のフラップが外に出ていて、もう一方は中にしまってあるという、ちぐはぐな状態。だらしない人に見られてしまいます。また、上着ポケットの中にものを入れすぎると、スーツの型崩れの原因になります。スーツを大切にしている人は、上着のサイドポケットにはものを入れないよう、縫い込まれたままにしています。名刺入れ、札入れ、ペン、キーは上着内側のポケットに入れるようにしましょう。

CHAPTER-3

靴や靴下に関する正しい知識

Shoes and Socks

SECTION 23

スーツより靴に投資する

靴を見ればその人がわかる

靴は、その人の生活習慣レベルを表します。スーツが信用、信頼のイメージを構築するアイテムであるのに対し、靴は行動力があり、自己管理が行き届いている、というイメージを相手に与える重要なアイテムといえます。欧米では、メンテナンスはもちろん、どちらかというとスーツより靴にお金をかけるほどです。日本のように靴を脱ぐ習慣がなく、「靴は身体の大切な一部」と考えているからです。

まず、靴を買うときに気を付けたいのは、サイズはもちろん、「ウイズ」(日本では「ワイズ」)といわれる足幅です。足幅サイズはAからGまであり、Aに近いほど細身になり、日本では一般的にC、D、Eを中心に揃えています。足に合わない靴は頭痛や腰痛の原因にもなるので、慎重に選ばなければなりません。ヨーロッパの靴は素材やデザインこそ申し分ありませんが、欧米人に比べ足幅が広い日本人には合わない場合があります。

そのあたりをよく吟味して買うようにしてください。

日本では、顧客の自宅を訪問したり、接待や懇親会でお座敷に上がったりと、ビジネスの場でも靴を脱ぐ機会が多くあるので、臭いや靴の内側のよごれにも気を付ける必要があります。

手入れの行き届いた、上質な靴を履いている人は、ホテルやレストランなどで良いサービスを受けられるでしょう。足元は、自分が思う以上に見られているのです。

靴の色は黒と濃茶

たとえブランドもののスーツをうまくコーディネートしても、「靴」や「靴下」が合っていないと、目指す好ましいイメージはつくれません。逆に「靴」や「靴下」まできちんとコーディネートされているとイメージがひとつに集約され、ひときわ洗練された印象に変わります。

ビジネスシーンでは、色は黒のカーフ（生後3カ月から6カ月の仔牛の革）が基本です。ゴム底やスニーカーのような靴はスーツには合いません。

職種を問わず、ある程度のポジションともなれば、圧倒的に黒の靴の出番が多くなります。大事な商談、銀行との取引はもちろん、式典、冠婚葬祭などフォーマルな席にも重宝します。目上の方と会うとき、黒の方が好感度が上がることも見逃せません。

そして黒の靴が3足くらい揃ったら、次は濃い茶色を加えていきます。

濃い茶色の靴はソフトな印象を与え、とくにチャコールグレイのスーツとの相性は抜群です。ただし、同じ茶系でも、明るい茶色やオレンジがかったレンガ色の靴はファッション性が高くおしゃれ度はアップしますが、一方でカジュアルな印象になるので、重要なビジネスシーンには不向きです。

靴の各部の名称と靴ひもの結び方

まず、基本となる靴の名称を覚えておきましょう。靴の上部を「アッパー」、靴ひもを「シューレース」、かかとは「ヒール」、靴底の縁まわりは端の意味から「こば」、靴底は「ソール」と呼びます。

その他、「ノーズ」はつま先の長さのことで、つま先が長いものを、「ロングノーズ」といいます。身長や体型に比べて足が小さい人は、ロングノーズで全身のバランスを保つとスマートに見えます。

靴の各部の名称

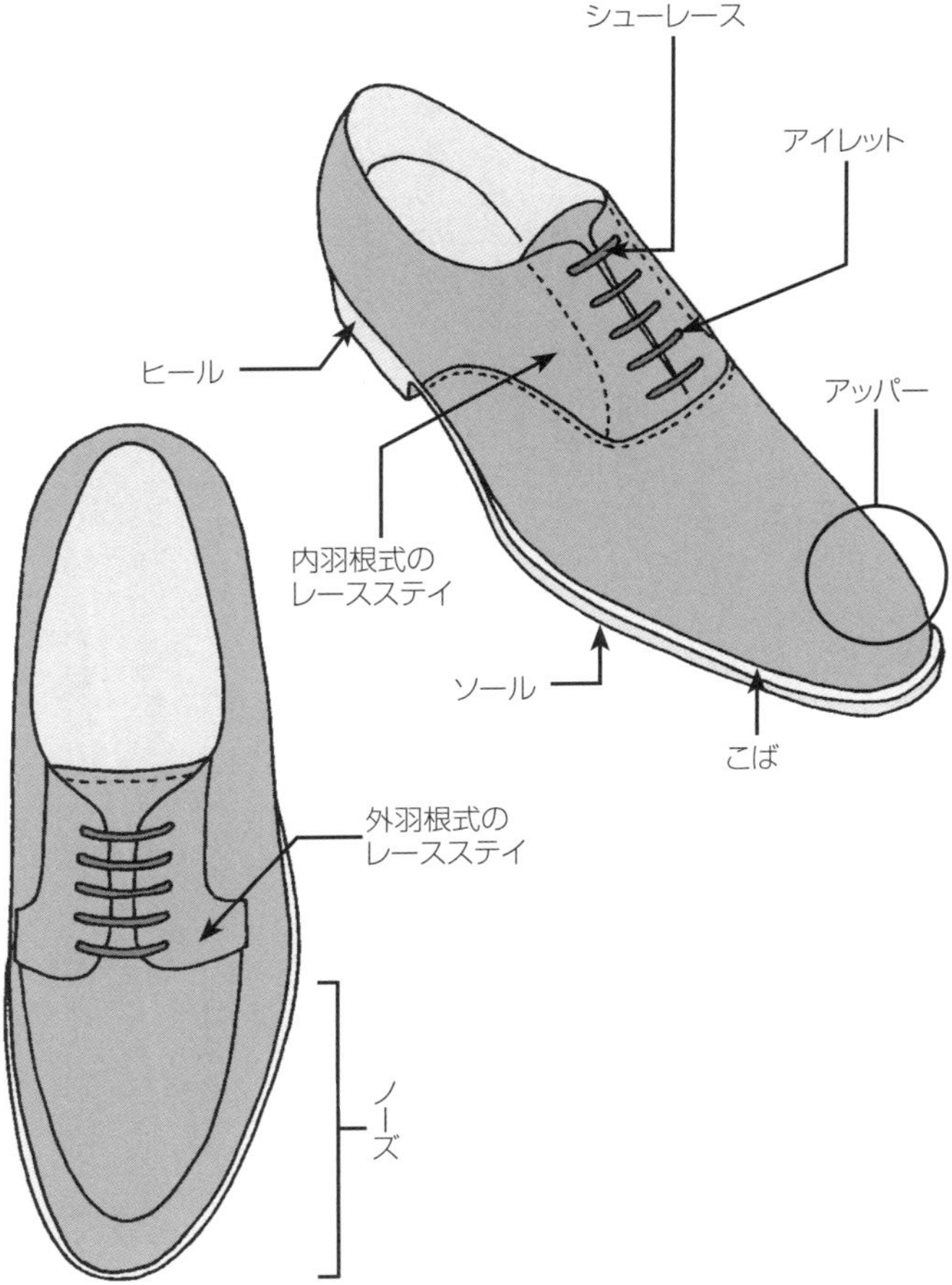

また、シューレースを通すための穴をアイレット（鳩目）と呼び、5つ穴が基本です。レースステイは、シューレースを通す部分の羽根のことで、羽根を全開にできる外羽根式と、羽根を全開にできない内羽根式の2種類があります。

外羽根式（ブルーチャー）は軽快でカジュアルな印象があり、内羽根式（バルモラル）はエレガントでフォーマルな席にも向いています。とくに一文字と呼ばれる、つま先に横一文字に切り替えがあるストレートチップ（101ページ参照）の黒であれば、どのような場でも万能です。セミナーでの講演、ホテルロビーでの打ち合わせ、星付きレストランでの会食、エグゼクティブルームでのプレゼン、表彰式や式典など、人前に出る機会が多い人には、必携の一足です。

シューレースの結び方も左図のように、「シングル」と「パラレル」を知っておきましょう。スニーカーのようなオーバーラップ（上から通す）の結び方は合いません。もっとも基本的な結び方は、見た目がすっきりとしたシングルです。この結び方で締め足りないと感じる人には、しっかりしたホールド感が得られるパラレルをおすすめします。

ちなみに、「ドレスシューズ」という言葉をよく目にしますが、これはスーツに合わせるビジネスシューズの総称で、カジュアルな靴と区別するための呼び方です。

シューレースの基本的な結び方（シングル）

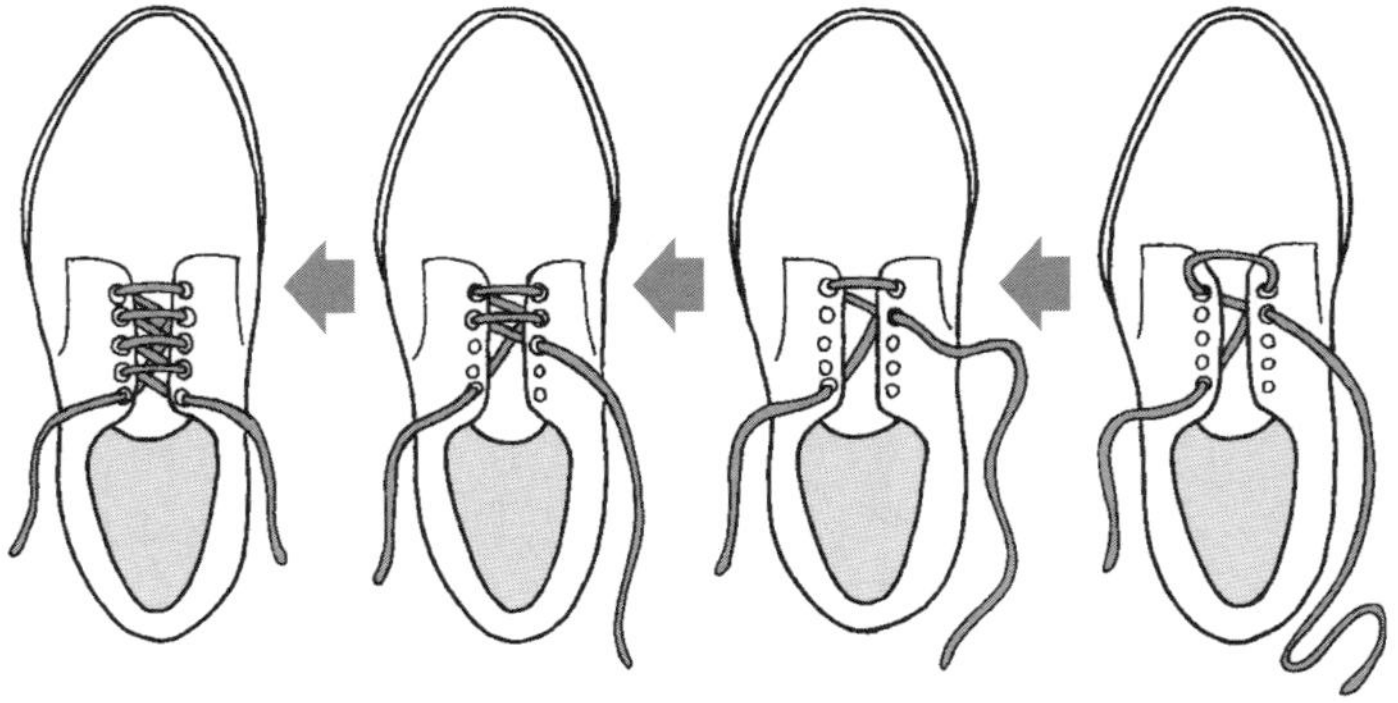

シューレースの基本的な結び方（パラレル）

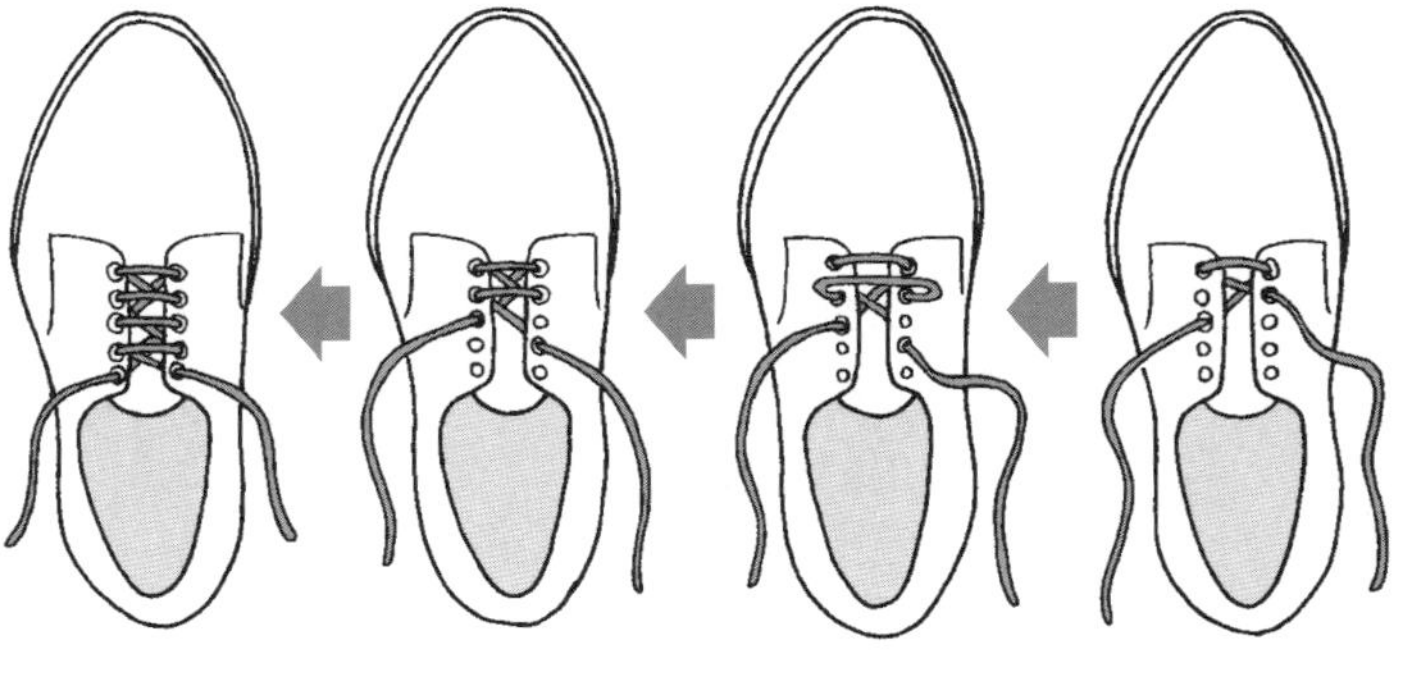

SECTION 24

スーツはレースアップ、紺ブレにはローファー

ビジネススーツにふさわしいドレスシューズには、ひも靴（レースアップタイプ）のプレーントゥ、ストレートチップ、ウィングチップ、あるいはベルトのついたモンクストラップがあります。靴のつま先に翼を型取った飾りがあるウィングチップ、小穴飾りのついたメダリオンは、通気や水切りの実用性を考慮したデザインなので、フォーマルな場には向きません。穴飾りが多くなるほど、カジュアルになります。

紺のブレザーなどのアイビールック（アメリカ東海岸の大学生に広まっていたカジュアルな服装）には、「怠け者」と名づけられたローファー、コインローファー（ペニーローファー）やタッセルローファーが似合います。大きな金具付きのビットモカシン、表面が起毛したバックスキンやヌバック、ゴム底もカジュアルスタイルに合わせます。

靴は、サイズ表示が一番あてにならないといっても過言ではありません。メーカー、

ビジネススタイルに合う靴のタイプ

ウィングチップ

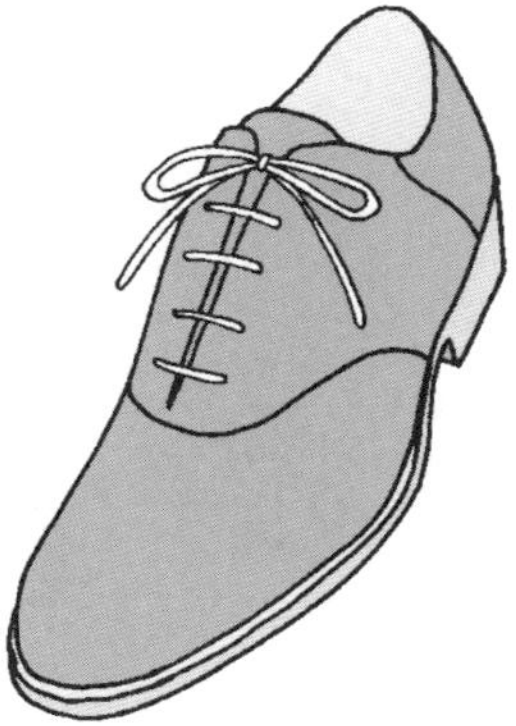

プレーントゥ

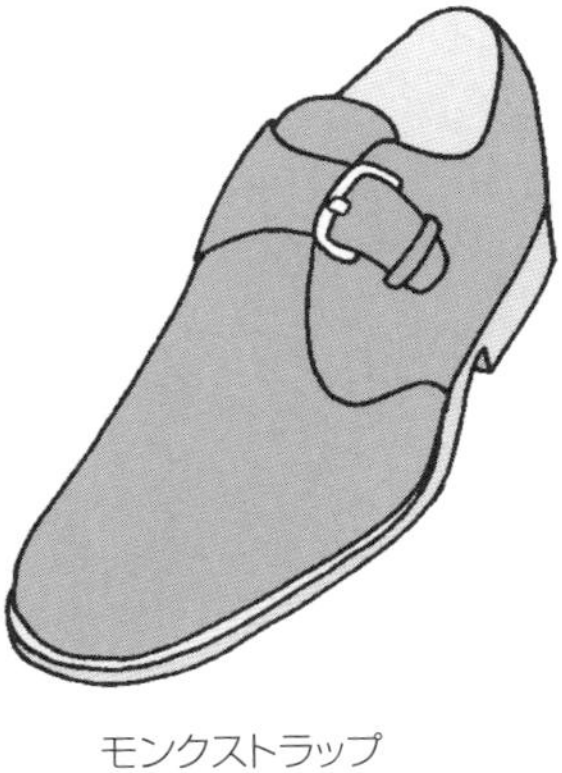

モンクストラップ

ストレートチップ

ビジネスカジュアルに合う靴のタイプ

タッセルローファー　　コインローファー　　ビットモカシン

デザインはもちろん、靴一つひとつの木型によってサイズが微妙に異なります。実際に履いてみて、自分に合うサイズと履き心地をよくチェックしてください。

日本でも、靴にこだわる人がずいぶん増えてきました。靴に興味のある人は、アメリカや英国靴に多いグッドイヤーウェルト製法、イタリア靴に多くみられるマッケイ製法など、本格的な工程で作られる靴を味わってみることをおすすめします。普通に大量生産されている、いわゆる履きつぶす靴となるセメント製法とは違い、修理がきき、長年寄り添うパートナーとしてふさわしい靴に出会えることでしょう。

ベルトの色は靴に合わせる

ビジネススーツの場合、靴とベルトは同じ色にするのが基本です。ベルトも靴同様、カーフ（仔牛の革）がベストです。アリゲーターやクロコダイル（いずれもワニ皮）、リザード（トカゲ皮）は、ともすると派手な印象になりますから、シーンを心得たいものです。また、白ステッチ、太目、大きなバックル（留め金）のベルトはカジュアルに向いています。

ベルトの穴（パンチホール）は5つが基本で、真ん中3つ目に合わせてサイズを調節します。そうすれば、ウエストサイズが変化したとき、左右にずらして調節することができます。

バックルはシンプルで、ブランドロゴが入っていないものを選びましょう。バックルを見るとその人のセンスがわかります。ここでも、シンプリシティの精神を忘れないでください。

靴下はズボンより濃い色にする

靴下は黒・濃紺を基本にする

靴下の色は、日本では靴の色に合わせますが、欧米ではズボンに合わせるのが一般的です。いずれにせよ、スーツより一段濃い色のソックスを選び、靴下の色が浮かないようにするのがポイントです。

よく、チャコールグレイのスーツにライトグレイのソックスを履いている人を見かけます。確かに同系色で色は合っていますが、少し離れたところからみると靴下が白く浮いてしまいます。黒、濃紺を基本に、好みでダークグレイを揃えておけばよいでしょう。

素材は、上質なコットン、柄は無地を選びます。ベルト同様、ロゴ入りの靴下は避けることです。

ハイソックスを履くのがマナー

スーツを着たときの靴下は、膝下までの長めの靴下が基本です。膝下までの靴下は、海外ではロングホーズ(長い靴下)、日本ではロングソックスまたはハイソックスと呼ばれています。この長さの靴下を履くことが、欧米では紳士のマナーとされています。

かつて訪れたニューヨークの老舗紳士服店では、日本人が通常履いている丈の短い靴下は売られていませんでした。しかし日本では、足袋の文化があるせいか、スーツを着用したときも靴下は短いものを履く習慣が定着してしまったようです。正しい服装への理解が深まるにつれ、日本でもハイソックスが一般的になり、身近に手に入るようになったのはごく最近のことです。

では、なぜハイソックスが基本なのでしょうか。それは、短い靴下の場合、座ったときにすね毛が見えてしまうからです。欧米では、すね毛がのぞくと、きちんとした教育を受けていない教養のない人とみなされ、とくに女性からは軽蔑されてしまいます。日本人なら、箸の持ち方が悪いときちんとした躾を受けていないなどといわれますが、それと同じくらい基本的なことなのです。

ズボンが上に上がってもすね毛が
見えないようにする

深いソファーに座っての商談で、すね毛がのぞいたりすると、どんなに熱心な話でも説得力は半減してしまいます。さらには、脚を組むと足の甲から最低7～8センチ、ズボンが上に持ち上がることを覚えておいてください。

どうしても膝下までの靴下に抵抗があるという人も、海外出張時や重要な面談で座って話をする際には、靴下を履き替えた方がよいでしょう。

COLUMN 日本人として和室や箸のマナーを知っておこう

長年、講師としてマナー研修でお世話になっている大手住宅メーカーの新人が、先輩に連れられてお客様の自宅を訪問したときのこと。和室に通され、ご主人とお会いすることになりました。

新人は、はじめての重要な商談でかなり緊張していましたが、奥様から座布団を出されたときに、マナー研修で学んだことを思い出していました。商談では、先輩がお客様に説明するのを聞いているのが精一杯で、口を開いたのは、最初と最後の挨拶だけでした。会社にもどってから今日の訪問を振り返り、反省点は多くありました。

しかし数日後、先輩からうれしい知らせが届いたのです。

お客様はこのように語ったといいます。

「何社か呼んで話を聞いたんだけど、お宅の営業マンのマナーのよさで、お願いすることにしたよ。座布団を出したとき、きちんとマナーをわきまえている新人に家内がいたく感心したんだ。今どきの若者にしては珍しい、とね。ここまで行き届いた部下指導ができている会社であれば、安心できる。うちにとって一軒家を建てるということは、一生に一度の大きな買い物。メンテナンスを含めれば一生のお付き合いになるわけだからね」と。

新人のマナーは決して流れるような美しい所作とはいえなかったのですが、和室でのマナーをしっかりと心得ていたことで、信頼につながった一例です。

座布団には表と裏、敷く向きがあります。敷く前に丁寧に挨拶し、握り手で座布団を敷きます。玄関で靴を脱ぐときは、そのまま上がり、後で靴の向きを直します。また、畳のふちは踏まないこと。和室では座ってから挨拶をします。

次に重要なこと。和食では、正しい箸の持ち方を知っておくことです。また、よくいわれる箸使いのタブー（忌み箸）がいくつかあります。

《箸使いのタブー》

①ねぶり箸…箸先をなめる
②刺し箸…料理を箸でさして食べる
③渡し箸…箸を器の上に渡して置く
④寄せ箸…箸で器を引き寄せる
⑤迷い箸…どれを食べようか箸を迷わせる
⑥探り箸…料理の中を箸で探る
⑦移し箸…料理とご飯を交互に食べず、料理から料理に移る

箸使いのマナーが悪いと教養のない人と思われてしまうので、気を付けたいものです。ご参考までに、映画「武士の一分」で木村拓哉氏が演じた藩主毒見役。その箸使いは手本というべきものでした。

最後に、抹茶のいただき方くらいは心得ておくとよいでしょう。私の茶の湯の師でもある原宗啓氏は、著書「図解『茶の湯』入門」の中で「そもそも茶の湯は戦国時代に千利休によって完成され、以来男性が嗜むものだった」と語っています。

ちなみに、日本のしきたりやマナーを鍛えたい人は、私も評議員を務める日本マナー・プロトコール協会の検定試験にチャレンジしてみるとよいでしょう。スクーリングでは直接講師から指導も受けられ、国際儀礼（プロトコール）も学ぶことができます。

CHAPTER-4

シャツを正しく着こなすための知識

Shirt

シャツ（ドレスシャツ）の基礎知識

⚜「ワイシャツ」ではなく、「ドレスシャツ」と呼ぼう

スーツに合わせるシャツのことをドレスシャツと呼びます。ちなみに、ワイシャツはホワイトシャツがなまってそう呼ばれるようになったといわれています。日本のショップでも「シャツを探しているのですが」と質問すると、「ドレスシャツですか？」と聞き返されることがあります。シャツは総称ですので、思い切って「ドレスシャツはどこですか？」と売り場の人に聞いてみましょう。海外でも通用する表現です。

❶カラー

シャツの襟のこと。襟先の開き具合や襟の高さによって、いくつか種類がある。

たとえば、襟の開き角度が約75度〜90度、襟の長さは6・5センチから7・5センチの「レギュラーカラー（ポイントカラー）」、シャツの襟が広いタイプで襟の開き角度が約100度〜140度の「ワイドスプレッドカラー」、襟の開き角度が約80度〜100

度になると「セミワイドスプレッドカラー」という。また、襟の長さが7・5センチから10センチ程度と長い「ロングポイントカラー」もある。

ドレスシャツの各部の名称

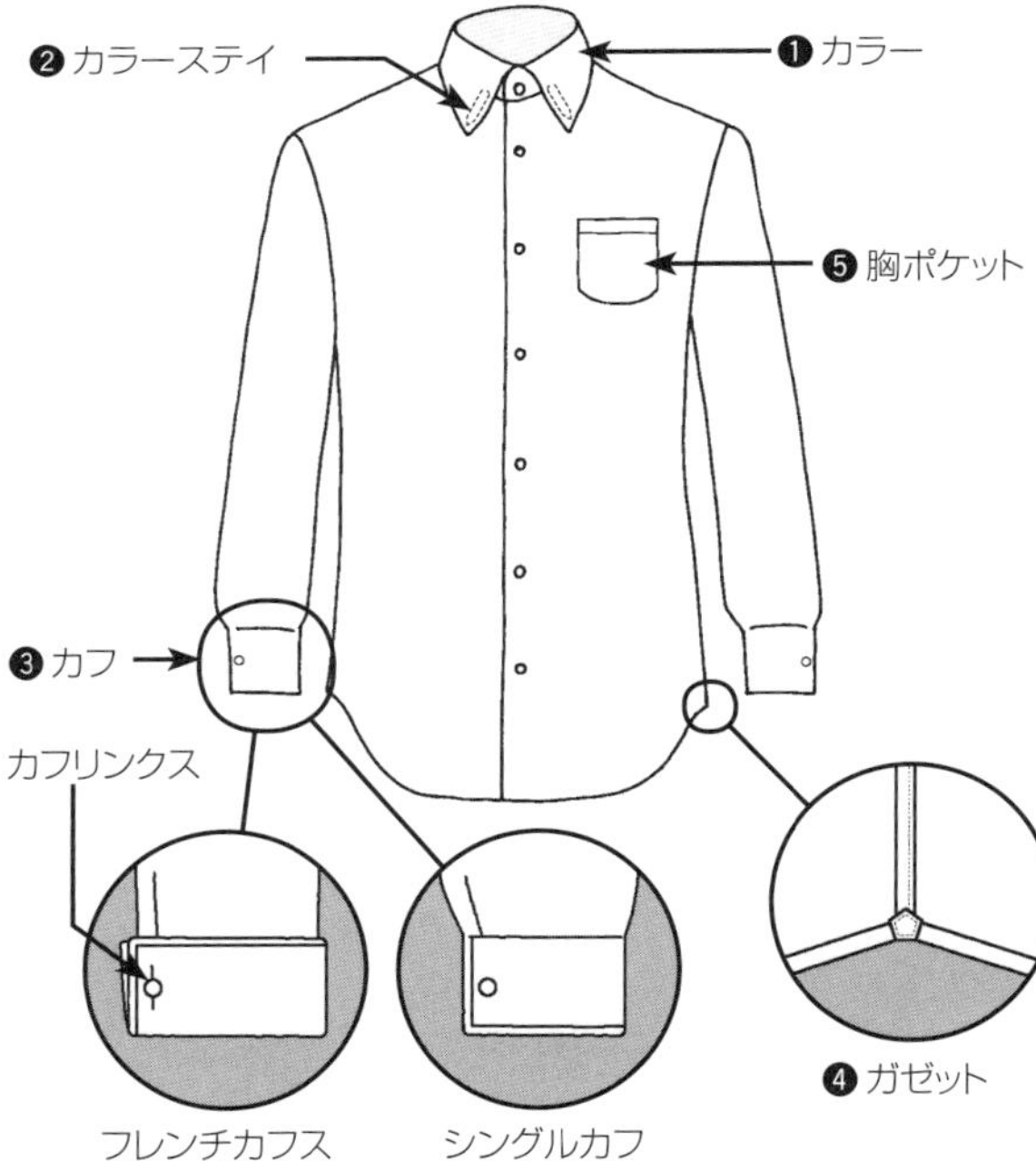

❷カラーステイ

シャツの襟先が浮き上がらないように、襟先裏側に入れる細長い棒。

❸カフ

シャツの袖口のこと。袖口を折り返さずボタンで留める袖口をシングルカフという。折り返し式のシャツの袖をフレンチカフス（またはダブルカフス）といい、着用時は必ずカフリンクスを使用する。ビジネスシーンではシングルカフが主流だが、グレード感を出したいときはフレンチカフスもよい。コンバーチブルカフスはボタンとカフリンクスが兼用できるタイプ。なお、シャツは、上着の襟と袖から約1・5センチ出すのが基本。これにより、見栄えがよく、スーツのよごれや損傷も防ぐことができる。

❹ガゼット

シャツ両サイドの縫い目の裾部分に縫いこまれた、裂け防止の補強布のこと。オーダーメイドのシャツや高級仕立てのシャツには施されている。

❺胸ポケット

ドレスシャツの胸ポケットは、なしまたは一つ。二つ以上はカジュアルシャツになる。ポケットのシェイプ(形)は袖口の形と合わせるのが基本。

ドレスシャツの素材にもこだわってみよう

シャツは、スーツのように目に触れる面積こそ大きくありませんが、素材や織り、色、襟、袖の選択肢が多く、むしろスーツより個性が出せるのが魅力です。上質な素材のシャツには、織りの風合いや生地に程よい透明感と艶があり、一目でわかります。

ドレスシャツの素材（シャーチング）の種類

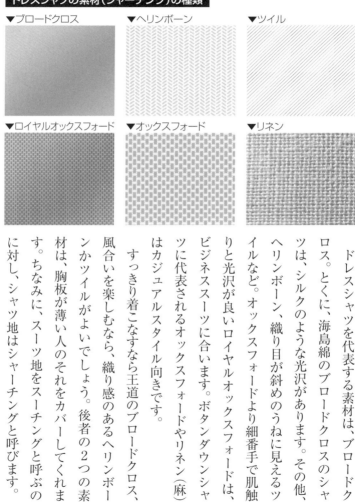

▼ブロードクロス

▼ヘリンボーン

▼ツイル

▼ロイヤルオックスフォード

▼オックスフォード

▼リネン

ドレスシャツを代表する素材は、ブロードクロス。とくに、海島綿のブロードクロスのシャツは、シルクのような光沢があります。その他、ヘリンボーン、織り目が斜めのうねに見えるツイルなど。オックスフォードより細番手で肌触りと光沢が良いロイヤルオックスフォードは、ビジネススーツに合います。ボタンダウンシャツに代表されるオックスフォードやリネン（麻）はカジュアルスタイル向きです。

すっきり着こなすなら王道のブロードクロス、風合いを楽しむなら、織り感のあるヘリンボーンかツイルがよいでしょう。後者の2つの素材は、胸板が薄い人のそれをカバーしてくれます。ちなみに、スーツ地をスーチングと呼ぶのに対し、シャツ地はシャーチングと呼びます。

シャツの仕立てと正しい着方

シャツはもともと下着ですから、肌に直接着るのが基本です。仮に、防寒や汗を吸い取るためにシャツの下に肌着を着る場合は、シャツから肌着の襟開きが透けて見えないように注意しましょう。半袖の肌着は袖が透けるので避け、ノースリーブか袖の短いフレンチスリーブにします。

また、シャツの前ボタンが見えないようになっている比翼仕立てのシャツは、よりエレガントな印象を与えます。ネクタイを外したときでも、ボタンが丸見えになることがありません。

このようなシャツはドレッシーな仕立てになっているので、胸ポケットは付いていないことが多く、シャツにこだわりのある人、フォーマルなシチュエーションが多い人にはおすすめです。

とくに、欧米のエグゼクティブは、シャツの見え方へのこだわりが強いといえます。

日本のエグゼクティブに比べ、上着を脱いで仕事をすることが多いからかもしれません。

もちろん、オフィスの個室など社内に限りますが。

そして、スーツに合わせるシャツは、夏でも長袖が基本です。半袖シャツはあくまでカジュアルスタイルとなり、ビジネスではルール違反です。

ノースリーブの肌着

フレンチスリーブの肌着

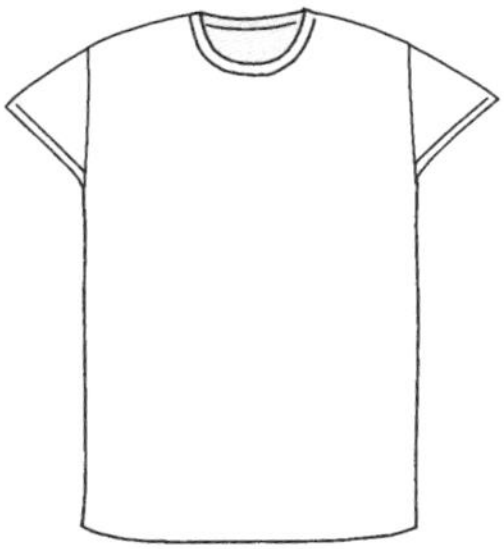

比翼仕立てのシャツ

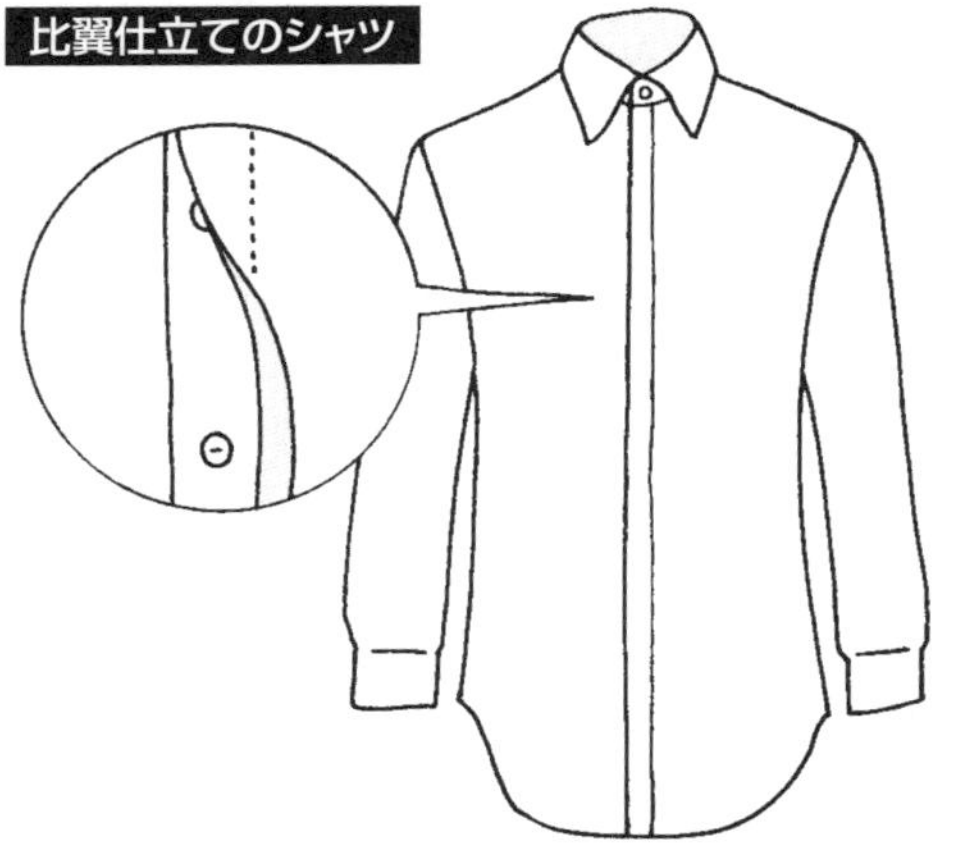

シャツのネックサイズは実寸＋1センチ

シャツのネックサイズは、首の周囲を喉仏の下で測ります。シャツを買うときは、実寸に＋1センチ、ハイカラーや第一ボタンが「デュエボットーニ」と呼ばれる2つボタンの場合には＋2センチの緩みを加えた長さがジャストフィット。首とシャツの間に指1本が入るくらいが基本です。

シャツには一般的に、ネックサイズと裄丈《ゆきたけ》（首の付け根から手首の付け根までの長さ）が表示されています。普通、シャツはネックサイズに合わせて選び、袖が長い場合はカットして直してもらうか、2つあるうちのきつい方の袖のボタンをかけて袖が落ちないようにし、ブラウジング（袖近くをゆったりとふくらませる）して調整します。

シャツの第一ボタンと袖のボタンはきちんとかけます。袖のボタンは隙間ができて腕まで見えないよう、きつい方のボタンをかけてください。閉めないのは論外、ゆるゆるの首回りと袖口は、気の緩みと思われても仕方ありません。

スーツに比べ、シャツは1万円以下で手軽にオーダーできます。手始めに、まずはシャツをオーダーしてみるのもよいでしょう。襟の合わせや生地の風合いなど、着こなしで大きく差が出るのはシャツ、といっていいほどです。仕立てと素材が良質か否かは、一目見てわかります。

イニシャルを入れる場合は、スーツを着て見えないところにします。袖に入れる人が多いようですが、通人は、左胸下あたりにさりげなく小さめに入れています。

体型の変化で喉《のど》に食い込んでしまったり、クリーニングを重ねて襟が縮み、両襟が合わなかったりするのは、いずれも、シャツが自分の首を絞めているように映って、正しい着こなしからは疎遠です。

万が一、襟が縮んでしまった場合、また袖口が傷んだ場合、オーダーシャツによっては、部分的に取り換えをしてくれるところがあります。しかし、賞味期限が過ぎたシャツは、小さく切って靴磨きの布などとして生かしましょう。

ピタリと合った襟元をキープしておくには、一日に何度かメンテナンスが必要です。

小さなVゾーンは「シャツの合わせ」がものをいう

シャツの第一ボタンを締めるのは着こなしのマナー

スーツを着用したとき、「Vゾーン」と呼ばれる部分が2つあります。1つは、シャツの第一ボタンをかけたときにできる、襟元の「小さなVゾーン」です(もう1つのVゾーンについては、132ページ参照)。

「小さなVゾーン」は、シャツのサイズが自分の首に合っているか、ネクタイを締めたとき、シャツの両襟が中心でピタリと合うことがポイントです。

先日盛岡で、不動産業界、数百人の若手ビジネスパーソンの前で講演したときのことです。講演中、着こなしのチェックのために、代表者として前列3名の営業マンに壇上に上がってもらいました。するとどうでしょう。何と3名とも、ネクタイの下からのぞく、シャツの第一ボタンがかけられていないのです。

この日は、全国の成績優秀者や優秀店舗が表彰される総会でもありましたが、やはり、彼らは表彰者にノミネートされていませんでした。その理由は、彼らの服装がすでに語っていたのです。ネクタイを締めたときシャツの第一ボタンをかけることは、最低限の着こなしマナー。人柄が良い3人だっただけに残念でした。

出直してこい！と怒鳴られる前に

また、都内に本社をおく、大手保険会社の32才の営業マンはこんな体験談を語ってくれました。

ある朝、顔なじみの中堅企業の社長との打ち合わせに出向いたときのことでした。約束の時間に遅れそうであわてて家を飛び出しましたが、幸い、アポイントメントの5分前に着き胸をなでおろしました。そして、社長室で「おはようございます。いつもお世話になっております」とさわやかに挨拶したところまではよかったのですが、社長の目が自分の首元でストップしたのがわかりました。そのとき彼は、シャツの第一ボタンをうっかりかけ忘れていたのです。

すかさず、「出直してこい！」と大きな声で社長に怒鳴られ、追い返されてしまい、もちろん、その日は商談になりませんでした。以来、そのときのことを肝に銘じて、人前に出るときは、シャツの第一ボタンはかけてあるか、ネクタイの緩みや曲がりがないかチェックするようになったそうです。

このとき彼は、まさに「親しき仲にも礼儀あり」なのだと、改めて痛感したのです。

仕事でよほど疲れているのか、あるいは夏に省エネルックを導入する企業が増え、ノーネクタイで第一ボタンを外す癖がついてしまったのか。いずれにしても、気持ちの緩みが服装の乱れに表れていることは確かです。

ネクタイをしていても、シャツの第一ボタンを外しているのは相手からすぐわかります。つねに緊張感を持って仕事に臨んでいれば、小さなVゾーンに隙などできないはずなのです。

シャツの襟形はポイントとワイド

シャツの襟形にもこだわりを

シャツの代表的な襟のタイプは、次ページの8種類。襟形はポイント（レギュラー）とワイドスプレッドが基本です。バンドカラー（カラーは襟のこと）はビジネスカジュアルに、ウィングカラーはボウタイ（蝶ネクタイ）と合わせ、フォーマルシーンに向きます。

襟の角度は、シャツのカラーによって決まっています。シャツカラーの形は、顔の大きさ、首の長さとのバランスを考えて選ぶようにします。基本的には、顔の大きさ、長さに比例して選び、首が長い人には、襟が高めのハイカラーも似合います。

顔幅が広い人は、そのことを強調するのでタブカラー、ピンホールカラーは似合いません。襟と身ごろの色が違うクレリックカラーシャツの場合は、シャツの色柄とネクタイの柄のバランスをとることが大切です。

シャツにストライプ柄があるときは、ネクタイの柄は無地か小柄に、同じストライプ柄を合わせたい場合は、ストライプ幅の間隔を変えるのがコーディネートのコツです。どちらも主張しているようなコーディネートは、うるさい感じになってしまいます。

8種類のシャツカラー

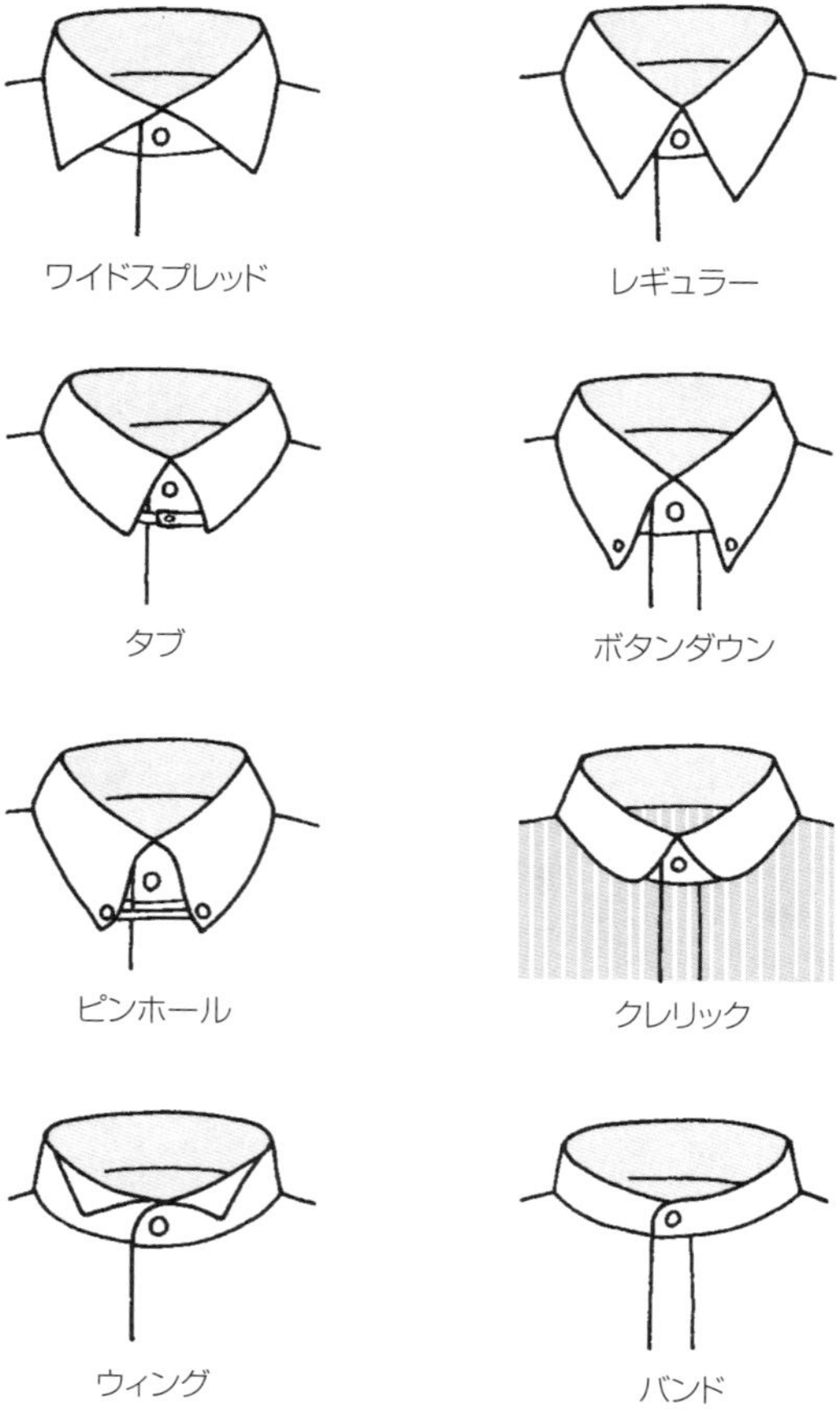

ボタンダウンシャツはカジュアルシーンで活躍

襟先をボタンで留める「ボタンダウン」は、クールビスでもっとも活躍しているシャツでしょう。もともと1920年代の英国で、ポロ競技の際、風などで襟がはためかないようにボタンで留めたことをヒントに生まれました。

アメリカや日本では「ボタンダウン」がビジネスシーンで好まれ、よく着られていますが、本来はカジュアル性の強いシャツです。このシャツをもっとも好むアメリカ人でも、海外へのビジネス出張の際には、ボタンダウンは避ける傾向にあります。それぞれの国の習慣、地域性を理解して、シャツの選択がコミュニケーションの妨げにならないよう配慮しなければなりません。

ちなみに、アメリカのイメージコンサルタントは、「アメリカや日本ではボタンダウンはよいが、ヨーロッパでは避けること。また、どこの国でも初対面のときは避けるように」とアドバイスしています。

その他、最近よく見かける、ボタンやボタンホールにカラフルな色が使われているシャツは、さらにカジュアルな印象を与えますので、シーンを選んで着こなしましょう。

シャツの襟先は前身ごろにタッチ

シャツの襟は、スーツラペル（襟）の内側におさまりの良いものを選ぶのがポイントです。シャツの前身ごろに襟先がタッチしていることが望ましく、襟先が跳ね上がるシャツ、スーツから飛び出しているのはよくありません。

シャツにスナップがついているタブカラーやピンで留めるピンホールであれば、襟先が跳ね上がる心配はありません。しかし、それら襟が引き寄せられた小さめの襟は、一般的に顔幅が広い日本人にはなかなか似合わないので、襟先内側にスナップがついたスナップダウンのシャツを選ぶとよいでしょう。

なお、襟部分の型崩れを防ぐため、襟先裏にセルロイドのカラーステイが入っているシャツでしたらそのようなことはなく安心です。シャツを新調したとき、カラーステイを捨ててしまう人がいますが、小さなパーツが大事な役割を持っていることを覚えておいてください。

ちなみに、カラーステイは、クリーニングや洗濯の際は外しておきますが、万が一、なくした場合でも、紳士服の専門店で買うことができます。

カラーステイ

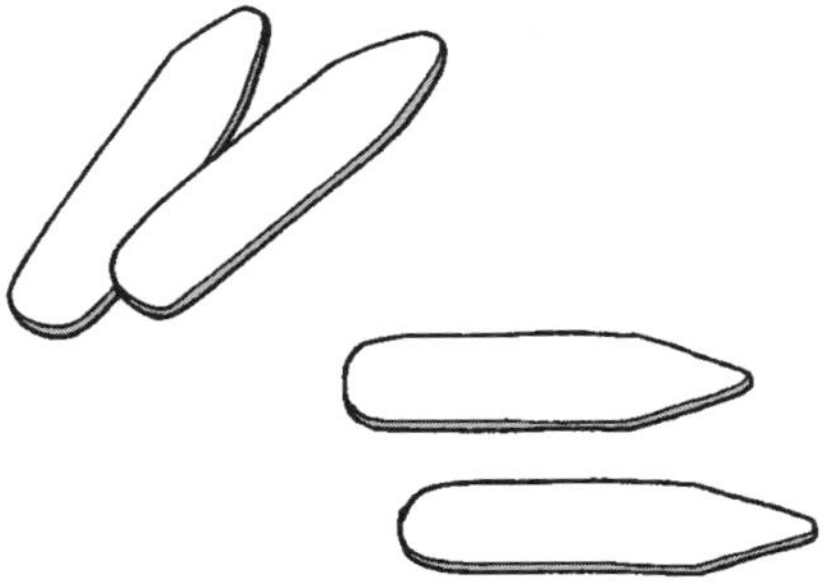

カラーステイを付ける場所

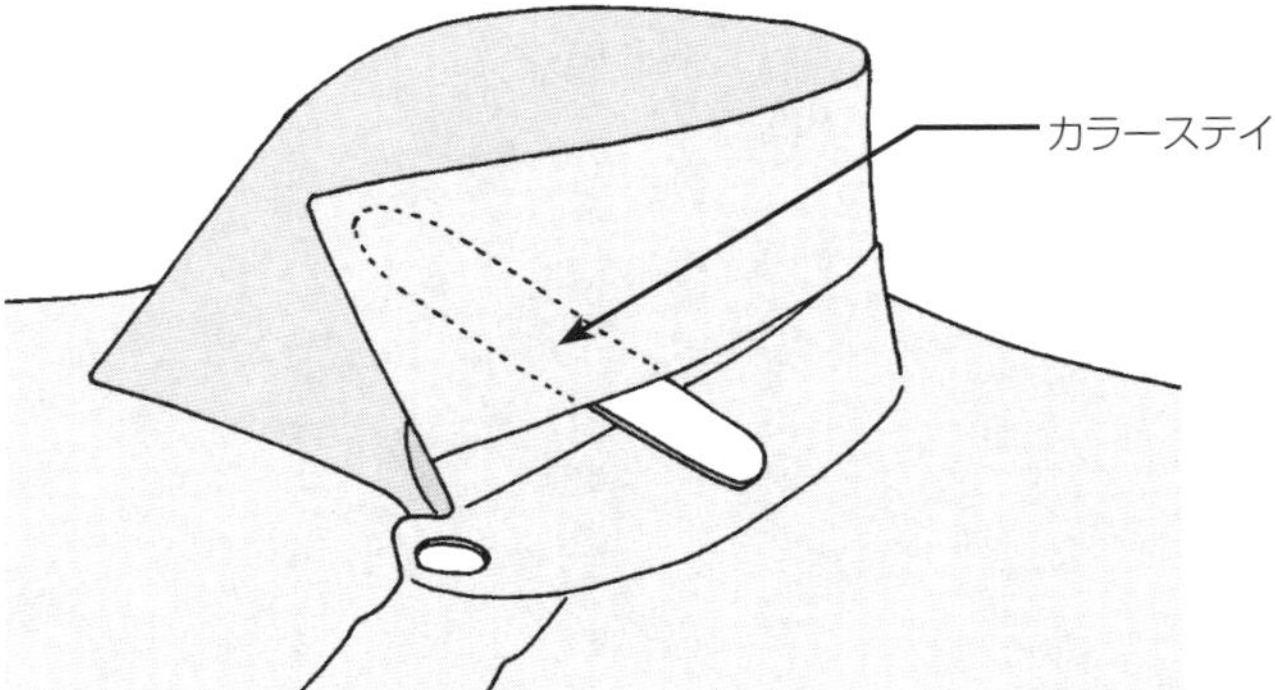

シャツは白とブルーを備える

シャツの基本色は白とブルー。この2色を揃えておけば、ひとまず安心です。白は万能、そしてサックスブルーに代表される淡いブルーのシャツは、清潔感があり、顔映りをよくします。

ひと昔前の日本のビジネスパーソンは、「シャツの色といったら、白以外にないでしょう」という人が多かったと思います。実は日本やアメリカでは今でも白いシャツが主流ですが、ヨーロッパではカラーシャツがむしろ一般的で、白は主にフォーマルな場で着るものとされています。

10年間のヨーロッパ赴任から帰国した私の友人の話では、フランスで白いシャツを着ていると、「今日はどうしたんだ、結婚式でもあるのか？」とよく聞かれたとのこと。そして、このようなフランスでの経験を経て日本に帰り、いつものカラーシャツで出社すると、「そのシャツはなんだ！」と上司から叱られたそうです。

一般的にアメリカでは、白のシャツに赤いタイを合わせるように、赤や黄色、目立つストライプ柄などのネクタイで自己表現します。しかしヨーロッパの場合、ネクタイはむしろ柄を抑えて、シャツの色や襟の形にメッセージを持たせます。

ちなみにブルーは「誠実、信頼、崇高、知性、敬意」を表わし、統計的に見て、世界で一番好まれている色です。地色はもちろん、たとえば、シャツ地に青のストライプを入れるなど、どこかに青の色を組み込むと好感度がアップします。白だけにこだわらず、ぜひチャレンジしてみてください。

細めのストライプや、ストライプの幅が同じ間隔のロンドンストライプもビジネス向きです。グラフチェックは細かければスーツに合いますが、太いチェックはカジュアルな印象になり、フォーマルな席には合いません。

その他、ビジネスシーンでは淡いグレイやベージュのシャツも上品です。しかし、式典などに参加するときは不向き。白に近い淡いピンク、イエロー、パープルのシャツは許容範囲ですが、どちらかといえばカジュアルシーン向きとなります。このようなビジネスの基本色以外の色は、シャツ全体よりネクタイかシャツ柄のストライプの1色に使用した方が無難です。

COLUMN ボタンひとつかけ忘れただけで成約できなかった

営業のアウトソーシングを請負う会社を経営する、株式会社コンフィデンスの是永英治社長は、著書「ダメな奴ほどよく売れる」(ゴマブックス)の中でこんなことを語っています。

自身がまだ20代の頃、ある大手企業に大型プロジェクトの提案をしていたときのこと。先方の担当専務から、

「君はいつもカフスの上のボタンをはずしているね。そんなこと、と思うかもしれないが、そういう人間は、やはりちょっとツメが甘いところがあるんじゃないかと思う。だから、今回は君にはこういう大きな仕事は任せられない」

と言われたそうです。

「ボタン一つで印象がどんなに違うかを考えたことがなかったし、気にしたこともなかった」と是永社長。

それ以来、この苦い体験を教訓にし、社員には身だしなみや名刺のマナーを徹底しているそうです。

是永社長の体験談のように、仕事ができるのは当然のこと、その人に任せるか否かは、きちんとした着こなしやマナーの良しあしで判断されているのです。ましてや大きな仕事となればなおさらのこと。

着こなしやマナーのよさがあってこそ、はじめてあなたの実力が評価されるのです。

CHAPTER-5

ネクタイを効果的に活用するための知識

Necktie

ネクタイの基礎知識

ここでは、まず、ネクタイの各部の名称を理解することにしましょう。

❶大剣・小剣

ネクタイの太い部分を大剣《たいけん》といい、細い部分を小剣《しょうけん》と呼ぶ。通常、大剣の幅は8・5〜9・5センチ。その年のトレンドによって異なり、スーツラペル（襟）の幅に比例する。ニットタイでは、最も細い7センチ。

❷たるみ糸

ネクタイのねじれを調節するための糸。

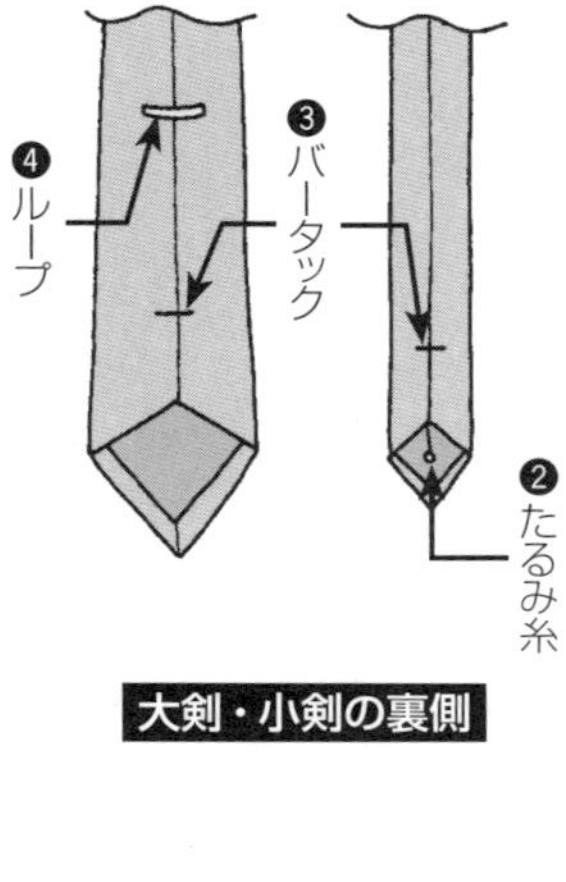

大剣・小剣の裏側

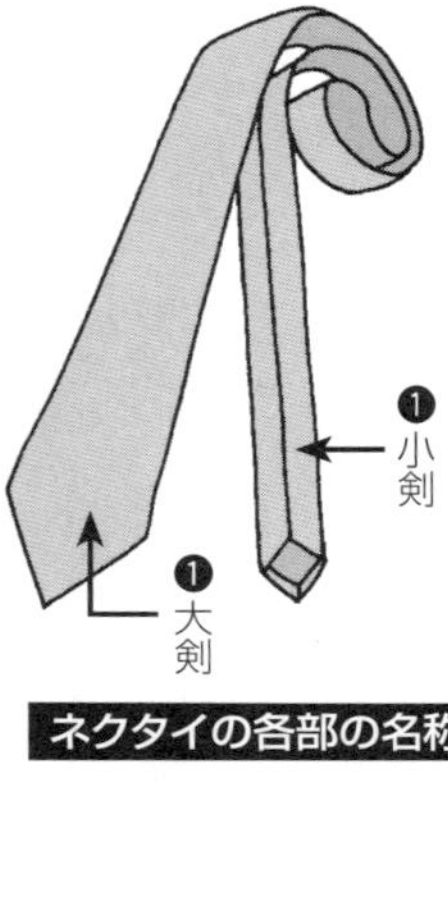

ネクタイの各部の名称

❸バータック
かんぬき留めのこと。ほころびやすいところを糸で留めて丈夫にしたもの。
❹ループ
小剣を通す輪穴。

ネクタイの素材はシルクが基本です。ニットタイと呼ばれる、ウールやカシミア素材では毛玉ができやすく、ビジネスシーンで、毎日、締めるネクタイではありません。

ネクタイの織りには、ジャカード織りとプリントタイの大きく2つがあります。ビジネスシーンではハリのあるジャカード織りがよいでしょう。結び目が緩みにくくマット感があり、メディア映りもはっきりし、力強さが出ます。一方、プリントタイはパーティシーンなどに向きます。色が美しく艶があり華やかな印象です。

ここ数年、日本でも量販店、専門店、百貨店、セレクトショップのいずれも、ジャカードタイの品揃えが多くなりました。時折、ブランドショップのフラッグシップ(旗艦店)ではプリントタイしか置いていないところがありますが、それらは、ビジネススタイルに向く紳士服を専門に扱っていないショップがほとんどです。

大きなVゾーンに語らせる

シャツの項で小さなVゾーンについてお話しましたが、ここでは、もう一つの「大きなVゾーン」についてまとめておきます。言うまでもなく、スーツの上着を着たときにできる胸元のV字のゾーンで、スーツ、シャツ、ネクタイの三つがハーモニーを織りなし、スーツスタイルで最も効果的に自己表現できるところです。

Vゾーンのコーディネートは、シャツの色はスーツより薄く、ネクタイの色はシャツより濃い色にするのが基本です。これが逆転すると、個性的すぎるコーディネートになってしまいます。たとえば、シャツが黒でネクタイを白で決めた、ルパン三世を思い出してください。

そして大切なのが、シャツの襟形にマッチするネクタイの結び方を選択することです。結び方は左図のように、主に4つあります。それぞれの結び方とバランスが良い襟形は、134ページで示している組み合わせになります。

プレーン・ノット（フォー・イン・ハンド）

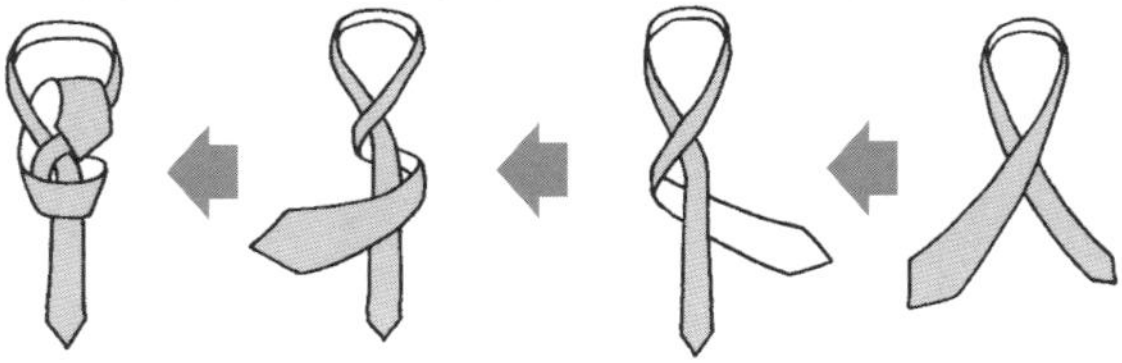

エスカイア・ノット（セミ・ウィンザー・ノット）

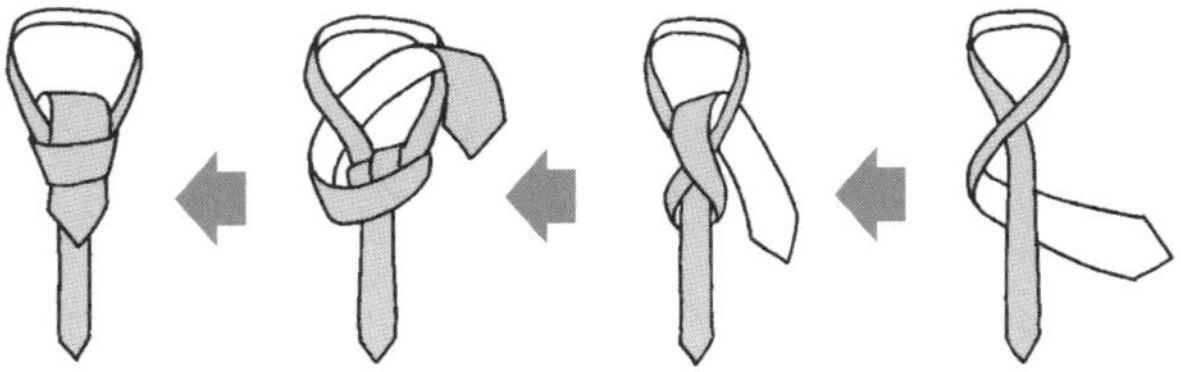

ウィンザー・ノット

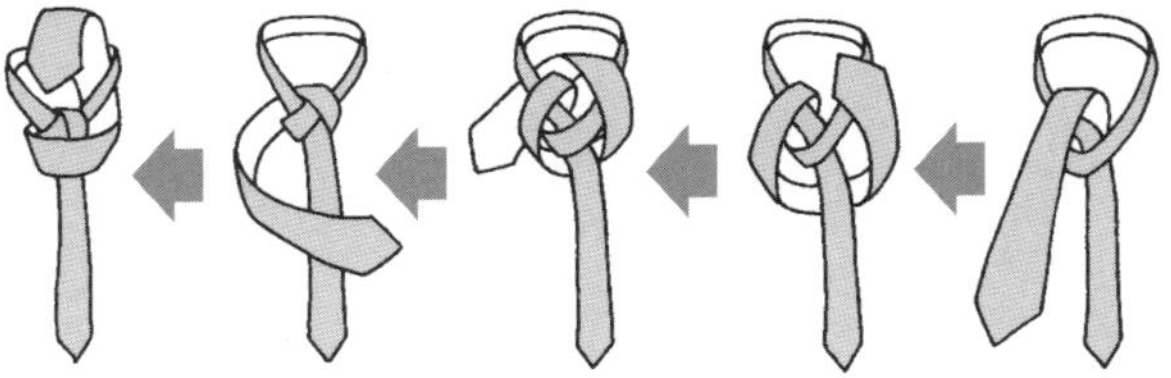

ダブル・ノット

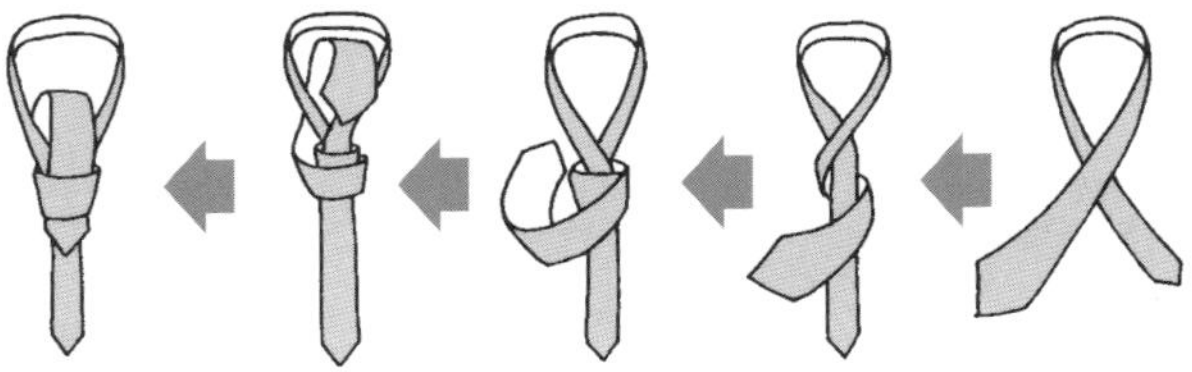

⚜襟形とネクタイの結び方のバランスの良い組み合わせ

● 〈襟形〉ワイドスプレッド … 〈結び方〉ウインザー・ノット
● 〈襟形〉レギュラーカラー … 〈結び方〉エスカイア・ノット（セミ・ウインザー・ノット）
● 〈襟形〉ボタンダウン ……… 〈結び方〉プレーン・ノット（フォー・イン・ハンド）

ワイドスプレッドには、ウインザー・ノットの他に、エスカイア・ノット（セミ・ウインザー・ノット）、ダブル・ノットでも合います。プレーン・ノットの大剣の巻きを二重にするダブル・ノットの結び方は、やや縦長の樽型になり、細めからワイドカラーのシャツまで使えるので知っておくと便利です。仕上げとして、中央にディンプルと呼ばれるくぼみを付け、ネクタイに立体感を出すと、結び目が生きてきます。

ネクタイの結び目がシャツの襟形に比べて細すぎると、弱々しく頼りない印象を与えてしまいます。逆に太すぎるとそこだけが目立ち、バランスが崩れます。印象の良いVゾーンをつくるには、シャツの襟形とネクタイの結び目の大きさとの相性を考慮することです。

ネクタイの緩みを防ぐ2つのポイント

選挙シーズンになると、政見放送対策のメディアトレーニングや応援演説のスピーチトレーニングのお手伝いをします。その中でよくある質問は、「演説中、ネクタイが緩まないようにするにはどうしたらよいか」というものです。

話に熱が入ってくると、大きなボディアクションとともに、ネクタイがだんだん緩んできてしまい、そのときは気付かないのですが、あとで自分の姿をテレビや写真で見てきちんとしていないことに気がついた、というのです。

原因は2つ考えられます。ひとつはジャカード織りではなく滑りやすいシルクタイのため、もうひとつは、結び方が甘いためです。

通常、ビジネスに向くタイは結んだときに緩みにくい、ジャカード織りです。また、結び方は、一度ネクタイをからげてから結ぶエスカイア・ノット（セミ・ウインザー・ノット）の方が緩みにくく、結び目がしっかりキープされます。

これも基本的なことですが、ネクタイの長さは、大剣でベルトのバックルが隠れるくらいにします。長すぎると上着からはみ出してだらしなく見えます。また、ヒップボーンではく、股上の浅いズボンの場合によく見かけますが、ネクタイが短くバックルが丸見えなのもおかしな光景です。そして、小剣が大剣より長いのは論外です。

⚜ 2つの「Vゾーン」でチェックすべき5つのポイント

- シャツの第一ボタンはかけているか
- シャツの左右の襟元がぴたりと合ってV字型になっているか
- シャツとネクタイの結び目がマッチしているか
- ネクタイはベルトのバックルが隠れる長さになっているか
- シャツはスーツの色より薄く、ネクタイの色はシャツより濃いか

ビジネスシーンに合わせてネクタイ柄を選ぶ

ネクタイの柄が持つイメージ

スーツ姿の中で、相手に一番強くメッセージを伝えるのがネクタイです。それだけに、ネクタイの色、柄と、あなたが伝えたいメッセージを一致させることがポイントです。どのようなネクタイ柄がビジネスに向くのか話を進めましょう。ネクタイの柄はさまざまあるように思えますが、整理してみるとそれほど多くはありません。

ビジネスに向くのは伝統的な古典柄といわれる、ストライプ、クレスト（紋章）、小紋、無地、ドット（水玉）、ペイズリー（植物の実）、チェックの7つです。これらは流行に大きく左右されず、それぞれに意味、明確なイメージを持っています。

ビジネスのステージに上がれば、当然、出会う人も変わってきます。自分をより効果的にアピールするために、柄の持つイメージを理解しておきましょう。具体的なイメージは、次の通りです。

ネクタイの柄とイメージ

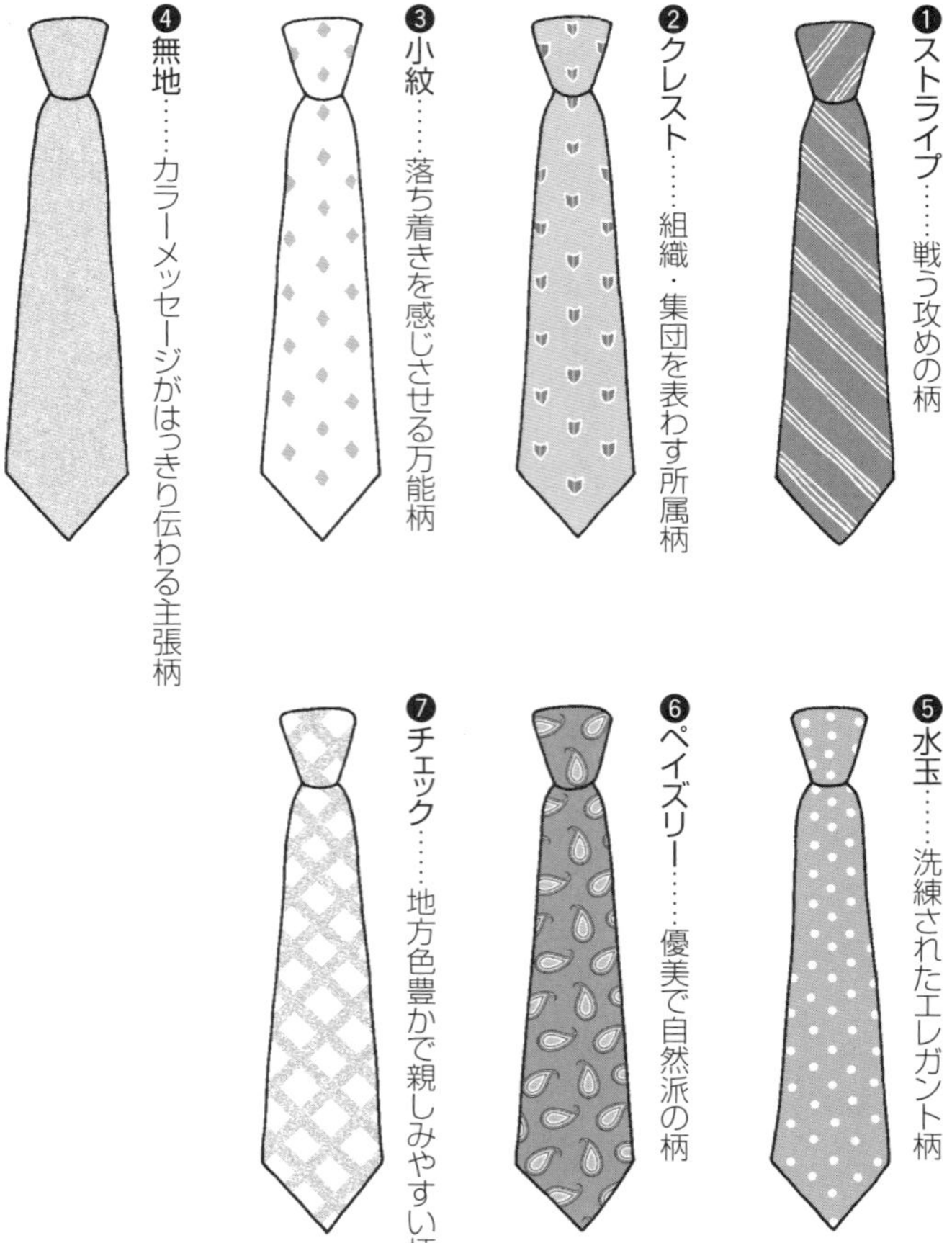

❶ストライプ……戦う攻めの柄
❷クレスト……組織・集団を表わす所属柄
❸小紋……落ち着きを感じさせる万能柄
❹無地……カラーメッセージがはっきり伝わる主張柄
❺水玉……洗練されたエレガント柄
❻ペイズリー……優美で自然派の柄
❼チェック……地方色豊かで親しみやすい柄

❶ストライプ

もともとはイギリスの連隊旗から発生しているため、戦うイメージが一番強い柄。プレゼンテーション、集団の団結や士気を高めるスピーチ、闘志を見せる場面にストライプタイが最適な柄として選ばれるのは、その「戦うイメージ」に起因する。

❷クレスト

「紋章」の意味で、かつて、ネクタイは身分の証であったことを意味する。ストライプが入るとロイヤルレジメンタルに。今では、チームや団体のマークを入れ、ユニフォーム的に使われることが多いことから、個人のイメージより、グループや集団のイメージが強く表れる。

❸小紋

四角や菱型、オーバルなどの小さな図柄を組み合わせ、点在させたもの。かつては紋章も入っていたといわれている。柄が小さく決まったパターンのネクタイは、安定感を与えるため、落ち着いて見せたいときはこの柄が成功する。商談、新任挨拶、取材、記者会見、謝罪、すべてに向く万能柄。

❹無地

赤、青、ライトブルーなど、カラーメッセージをダイレクトに表現する。フォーマルな印象とともに、色の持つメッセージを強くストレートに伝えることができ、赤や青の無地は柄がない分、メディア映りがすっきりする。

❺水玉(ドット)

エレガントな印象を持ち、ビジネスにも社交の場にも、どちらにも向く。ドットがシルク糸で小さく織り込まれたピンドットのタイには、グレード感がある。逆にドットがプリントで、しかもコインドットのように大きくなると、ポップでカジュアルなイメージとなる。

❻ペイズリー

一時期エスニックブームで流行。もともとはスコットランドの地名で、インド、カシミール地方のカシミア・ショールに使われていた伝統模様。優美なプリントタイはパーティシーンに、織り柄はビジネスに向く。

❼チェック

それぞれのチェック柄に地方独特の特徴が出る。ストライプに比べて緊張感がなく、飾らず、親しみやすい柄。そのイメージ通り、7つのタイの中ではもっとも気取らない柄といえる。

一般的にネクタイは、同じ柄でも色、素材、柄の大きさ、幅によって印象が異なってきます。柄が小さく無地に近づくとフォーマルな印象に、古典柄であっても柄が大きくなると、カジュアルな印象になります。

がらりと変わったNHKアナウンサーのネクタイ

NHK首都圏ネットワークで外見力の取材を受けたとき、番組の若手アナウンサーにスーツ、シャツ、ネクタイ、ポケットチーフのアドバイスをして変身していただいたことがあります。そのことがきっかけというわけではないと思いますが、最近、NHKのアナウンサーのネクタイ柄が断然よくなったことに気付きます。正直なところ、民間放送のアナウンサーやニュースキャスターを超えていると思えるほどです。

どのように変化したかというと、先述した7つの柄に絞られ、色遣いが鮮やかになり、メリハリがついてきたこと。そしてポケットチーフも上手に活用されています。ニュースを見るとき、アナウンサーやニュースキャスターのコーディネートに注意してみると、良いヒントになるかもしれません。

時代の変化に伴って、組織全体の前向きな姿勢を「見える形」にした一例ともいえるのではないでしょうか。このように、実はネクタイ一本から、時代を読むセンス、取り組みの姿勢が見えてくるのです。

「柄の悪い人」と言われないために

ネクタイ選びでは、「柄の悪い人」にならないようにしてください。私が言う「柄の悪い人」とは、場に合わないネクタイ柄を選択している人のことです。

たとえば、無地のように見えて、よく見ると、少なく見積ってもブランドロゴが50個以上はプリントされているようなネクタイ柄です。その企業のＰＲ担当であればもちろんよいのですが、そうでない場合、ビジネスシーンには向きません。自分の個性よりもそのブランドの方が前に出てしまい、単にブランド好きな人、派手な人と思われてしまいます。

実は、このようなネクタイをしている人の中には、そのブランドがどんなブランドか知らない人が案外多いのに驚きます。プレゼントされたのかもしれません。大事な人からいただいたネクタイは大切にしなくてはなりませんが、ビジネスシーンにマッチしているかどうか、今一度チェックが必要です。

その他、真剣なビジネスの場にいささか不向きなネクタイとして代表的なのは、植物、アニマル、鎖柄などの「モチーフ柄」です。これらは趣味性が強く、心が和む半面、相手によっては好まないモチーフの場合もあります。このようなネクタイをしていると、女性から「可愛い！　きれい！」と言われ、思わず嬉しくなる気持ちはわかりますが、決して褒められるものではないのです。

ビジネスの場では「カッコイイ、颯爽としている、決まっている」と言われたいもの。クマ、カモ、釣り、ヒツジ、リンゴなど、ファンシーな絵柄は、それを選ぶ特別な理由がない限り、カジュアルやプライベートシーンにとどめておきましょう。

そしてもうひとつの悪い例は、複雑で「何だかわからない」ネクタイ柄です。

「そのネクタイのプリント柄は何ですか」と質問されて、

「えっ、これ何かな？」と、3秒以上考え込むネクタイ柄だったら、それに該当しています。そこからは、何もメッセージが伝わりません。

ストライプタイで果敢に戦う

アメリカのビジネスシーンでは、ストライプタイを結んだ颯爽としたスーツ姿のエグゼクティブや弁護士などを多く見かけます。

実際の欧米の大統領や首相の選挙演説でも、候補者はストライプタイを身に付けてメディアに登場します。過去の選挙演説シーンを思い出してみても、各国の大統領・首相のほとんどがストライプタイを着用しています。

このように、ストライプタイで戦うイメージは、世界共通の認識となっています。現在の競争社会を反映しているせいか、数年前からストライプタイはトレンドでもあります。プレゼンテーション、集団の団結や士気を高めるスピーチ、闘志を見せる場面にストライプタイが最適な柄として選ばれるのは、その「戦うイメージ」に起因しているのです。

参考までに欧米では、映画ハリーポッターを見てもわかるように、さまざまな組織や集団の制服、大学のスクールタイまで、それぞれ「ストライプの幅、色の組み合わせ」が決められています。それを知らずに、ある決められたレジメンタルストライプのタイをしていると、その組織・集団の人間と間違えられてしまうので要注意です。

ストライプにもさまざまな種類があります。正面から見て左上から右下に流れる「アメリカンストライプ」と、右上から左下に流れる「ヨーロピアンストライプ」の2種類。さらに、色の組み合わせや幅が決められたレジメンタルストライプから、穏やかで繊細なストライプまでバリエーションは多くあります。一方で、ストライプタイは、社交の場には不向きです。その際は、無地や柄の小さいエレガントなタイを選びましょう。

ストライプの種類

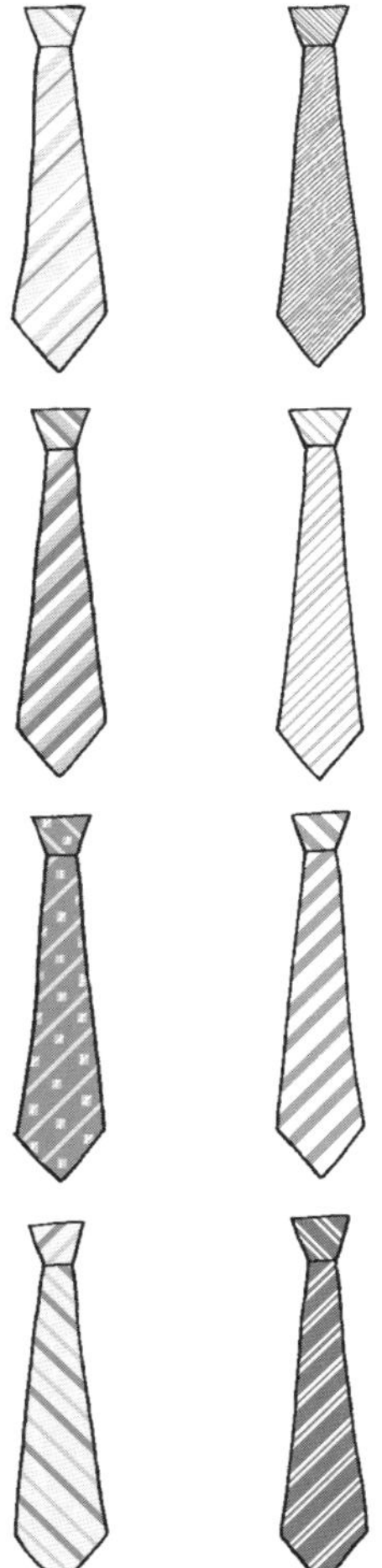

ポケットチーフでクラスアップする

スーツを引き立てる小物として、ポケットチーフがあります。「ポケットチーフはキザに見えませんか？」などとよく聞かれますが、答えはノーです。カフリンクスを付けるのには抵抗がない人でも、なぜか「ポケットチーフは苦手」という方が多いようです。

欧米のエグゼクティブは、ビジネス、カジュアルともに、あらゆるシーンでポケットチーフをうまく使いこなしています。胸元にアクセントがつき、それだけでクラスアップした着こなしになるからです。経営者、富裕層を相手にするケース、スピーチ、取材など、大勢の前に出るシーンには、強力な武器となるでしょう。

白い麻のハンカチーフをＴＶフォールドに折って入れれば、どんなビジネススーツにも合います。正装でシルバーのフォーマルなネクタイを着用するときは、スリーピークスの山型に折って入れます。

ポケットチーフの入れ方の種類

スリーピークス

クラッシュド

TVフォールド

パフド

ビジネスシーンでは白か青は万能、ＴＶフォールドで入れると大げさになりません。パーティでスピーチをするときは、パフドスタイルで冴えた赤や青を使うと効果的です。ネクタイの色の１色を使うとコーディネートがまとまります。

センツァクラバッタ（ノーネクタイ、アンネクタイは同意）のカジュアルシーンではイエローやピンクの明るい色のポケットチーフが似合います。深いグリーンは一味違ったシックな印象となり、濃茶の靴との相性は抜群です。カフリンクスを付けるより、洗練された印象となりますので、ぜひ一度チャレンジしてみてください。

ポケットチーフは無地が基本ですが、ストライプ、小紋、ドットなどネクタイ柄にあるものはビジネスシーンでもＯＫです。大きな幾何学の柄は、プライベートのパーティシーンに、クラッシュドかパフドスタイルとスリーピークスを両方合わせた形で入れるとインパクトが出ます。

ちなみに、セットタイとして売られているネクタイと対のポケットチーフは別にして、普通、ネクタイと同色のポケットチーフは避けます。

自分のパーソナルカラーを最大限に生かす

パーソナルカラーとは？

その人の魅力を最大限に引き出す色のことを「パーソナルカラー」といいます。「パーソナルカラー」とは、個人が本来持っている色（髪、肌、目の色）やイメージに合う色であり、アイデンティティを表現し、その人の印象を高めてくれる色です。

「パーソナルカラー」のグループの中でも特に似合う色を、「サクセスカラー」と呼んでいます。個人の好感度がもっとも高められ、成功に導くマイカラーです。一度カラー診断を受け、自分の「サクセスカラー」を知っておくと、トレンドに左右されず無駄な買い物を防ぐことができるので、コストセービングになると同時に、服装のコーディネートに自信を持つことができます。

似合う色は、自分を若々しく元気に見せ、自信に満ちた印象に輝かせてくれます。逆に、似合わない色では、顔色が悪く見え、不健康で老けた印象になってしまいます。

自分の好きな色が、必ずしも似合う色というわけではありません。仮に好きな色だからといって自分に似合わない色を身に付けてしまうと、色の持つマイナス面が強調され、ネガティブなイメージを連想させてしまうので、その人の印象を悪する結果になります。

⚜パーソナルカラーの診断方法

「パーソナルカラー」は、まず「スプリング」(春)、「サマー」(夏)、「オータム」(秋)、「ウインター」(冬)の4つのシーズンのカラーグループに分類されます。主に個人の髪の色、肌の色、目の色の3つを分析し、その他に、声の印象、骨格なども加味することで似合うカラーグループが決まります。

診断方法は、顔の下にカラードレープ(色布)を当て、色が目立つのではなく顔色が明るく見える色、顔立ちを引き立たせ、印象をよくする色のグループを探すのです。似合うカラーグループがわかれば、それがあなたの「パーソナルカラー」ということになります。

パーソナルカラー 4シーズンマップ

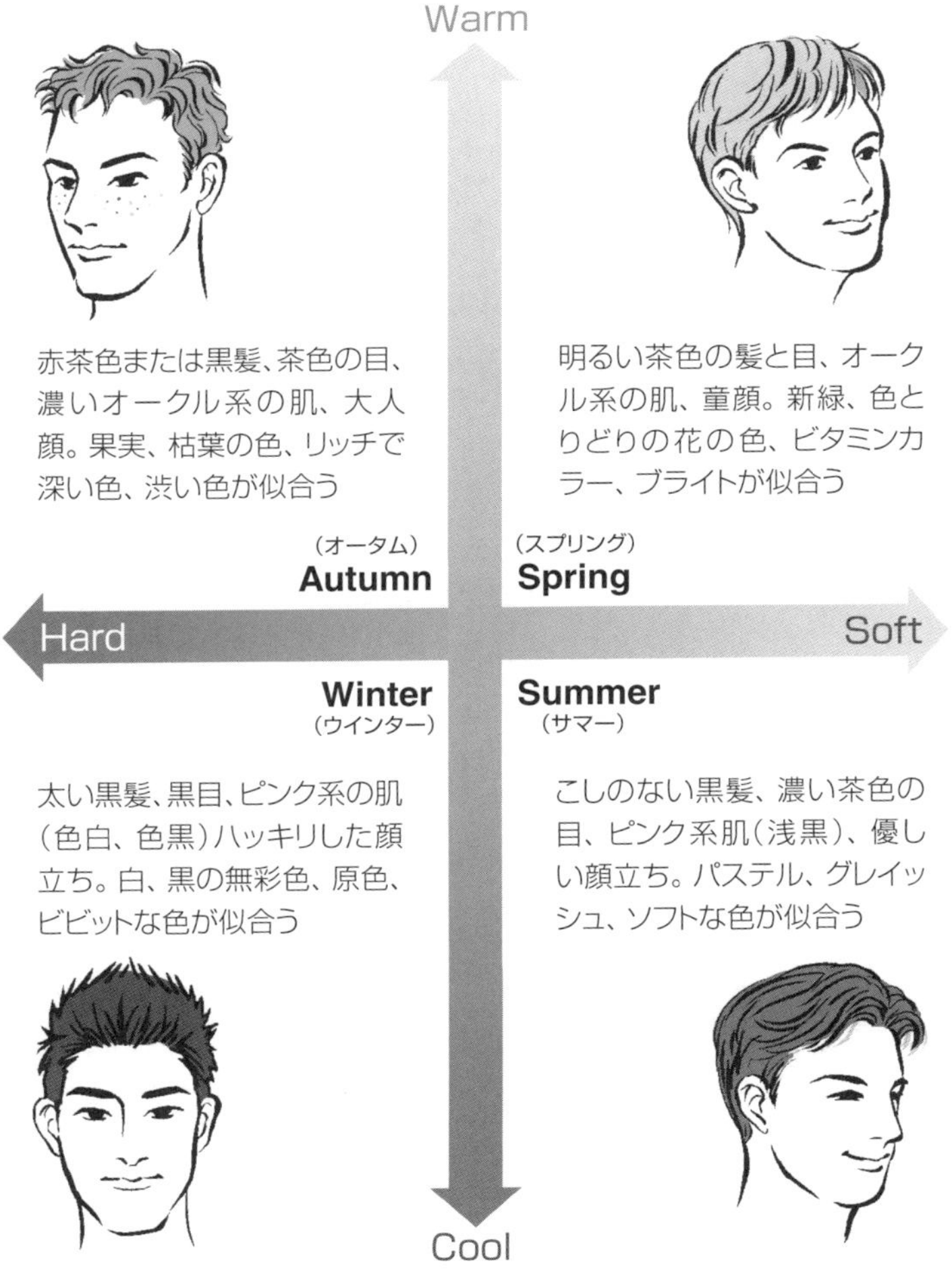
Warm
赤茶色または黒髪、茶色の目、濃いオークル系の肌、大人顔。果実、枯葉の色、リッチで深い色、渋い色が似合う
明るい茶色の髪と目、オークル系の肌、童顔。新緑、色とりどりの花の色、ビタミンカラー、ブライトが似合う
(オータム)
Autumn
(スプリング)
Spring
Hard
Soft
Winter
(ウインター)
Summer
(サマー)
太い黒髪、黒目、ピンク系の肌(色白、色黒)ハッキリした顔立ち。白、黒の無彩色、原色、ビビットな色が似合う
こしのない黒髪、濃い茶色の目、ピンク系肌(浅黒)、優しい顔立ち。パステル、グレイッシュ、ソフトな色が似合う
Cool

ドレープを当ててみると、たとえば同じ赤でも似合う赤、似合わない赤があることがわかります。一口に赤といっても、黄色味を帯びた鳥居のような朱色から、紫に近いワインの赤紫色まで、明度や彩度が異なります。その中でどれがもっとも似合う赤なのか、カラー分析をすることで明解になっていくわけです。

ビジネスカラーとして決まっている白、紺、青、グレイについても、彩度、明度によってその人に似合う色が異なります。同じ濃紺のスーツでも、自分に似合う色のストライプが入るとその人の個性が出ます。「サクセスカラー」をスーツやシャツ、ネクタイなどに取り入れ、最高にパワフルに見える色使いで自信を持ってビジネスに臨んでください。

ちなみに、パーソナルカラーは、メガネフレーム、時計、カフリンクスなど小物やアクセサリー選びにも役立ちます。クール系のカラーグループ、ウインターかサマーの人は、ゴールドよりシルバー系のほうが馴染みがよいので、時計のベルトなどはシルバーが基本。ゴールドとコンビの場合には、シルバーの比率を多くします。

同様にメガネも、ゴールドのメガネフレームは老けて見えてしまうので、やはり、シルバー、グレイ、ブラックのフレームを選ぶようにします。

一方、「スプリング」や「オータム」の2つのウォーム系のカラーグループは、ゴールド、べっ甲、ブラウンがよく合います。151ページの図を参考にして、あなたのサクセスカラーを見つけてください。

ちなみに、当社にて、ある大手IT企業幹部候補生約150名(日本人男性)のパーソナルカラー診断を実施したデータでは、クール系が多く、サマーが47%、ウィンターが32%という結果が出ています。

色の心理効果で相手の心を動かす

色が持つ性質とイメージ

色には強いメッセージ性があり、「感情効果」といって人の感情を動かす力があります。ビジネスシーンに合わせ、色をうまく服装に取り入れて、相手の心を動かす効果的な自分を演出してください。

スピーチなどで積極的に自分をアピールしたい場合には、気持ちを高揚させる「赤」が入ったネクタイが効果的といえます。一方、謝罪のときの記者会見やクレーム処理で顧客を訪問するときには、鎮静効果のある「青」のネクタイが相手を冷静にしてくれます。見る相手にも、自分自身にも色の効果はあります。説得力や相手の関心を高めるために、色を上手にマネジメントしましょう。

色が持つ性質やイメージは次の通りです。

●進出色……前に出て見える色　赤、黄、橙を中心とした暖色系
●後退色……引っ込んで見える色　青、青紫を中心とした寒色系
●膨張色……白および白に近い明るい色で大きく見える色
●収縮色……黒および黒に近い暗い色で小さく見える色
●嗜好色……男女、年代、都市や地方によって好まれる色

このような色の性質や効果を押さえておけば、たとえば相手が特定されている場合、年代、性別、地域性を考慮し、自分の服装に相手の嗜好色を取り入れてアプローチするという心理テクニックが使えます。商談や講演なども同様に、相手が限定されているときには、自分に似合うパーソナルカラーの中から、相手が好む色をネクタイや小物に意識的に取り入れるとよいでしょう。

男性と女性を比較し、嗜好色を具体的にあげてみると、男性は「青、青緑、緑、黒、白」を好む傾向があり、女性は「赤、赤紫、青紫、紫、ピンク、黄色、ブルー」など淡い色調や明るい色調の色に、好みが広く分散しています。

また、東京と大阪では色の好みが異なります。東京は、シックでシンプル志向、無彩色を好む傾向にありますが、大阪など関西では、カラフルで装飾志向、鮮やかな色が好まれています。

さらに年代別には20代後半から30代前半までの比較的若い世代では、原色あるいはモノトーン。10代前半までの子供には赤やオレンジ、黄色などの暖色系のはっきりとした鮮やかな色。40代、50代になると落ち着いたダークな色調が好まれています。

色のイメージ

色名	プラスのイメージ(＋)	マイナスのイメージ(－)
赤	前進、積極、革新、パワー、情熱(勝負、アピール)	強烈、押し付けがましい、くどい
橙	親しみ、暖かさ、活力	暑苦しい、人並み
黄	快活、陽気、目立つ	低級、裏切り、幼い、やかましい
緑	新鮮、安全、自然、健康	中庸、中立、はっきりしない

青	誠実、信頼、理知、さわやか（好感度ナンバー1）	冷たい、消極
紺	信頼、敬意、清楚、規律（ビジネスで万能、謝罪にも向く）	冷たい、一律、堅苦しい
紫	高貴、華やか、雅	神秘、不安
黒	威厳、都会的、力強い、フォーマル	恐怖、暗い
白	清潔、清らか、潔白	近寄りがたい、はかない
茶	落ち着き、自然、リッチ	地味、老けた、平凡（男性はビジネスーツに不向き）
灰	真面目、落ち着き、フォーマル	地味、暗い、平凡
ピンク	優しい、愛らしい、ソフト	かよわい、甘えた
ベージュ	上品、自然、温もり	無難、平凡

COLUMN 日本でもレディファーストが必要？

日本においても西洋のマナー、レディファーストが広がってきました。レストランでの会食、コンサートやオペラの劇場では、レディファーストを心得ているとスマートです。

ドアを開けて先に通す、上席をすすめる、女性が遅れて来たときは立ち上がって挨拶する、食事のサービスは女性から先に、などです。また、ドアを開けたとき、後ろから他の人が来ていないか確かめるのも忘れずに。後方3メートル以内はドアをバトンタッチするまで待つくらいの心がけが大切です。

ちなみに、女性に渡される食事のメニューに値段が書かれていない星付きレストランの場合、メニューのおすすめや注文、料理に合うワインを選ぶのは男性の役目です。欧米のフレンチレストランでは、メニューがフランス語のみの場合も多いので、よくテーブルに並ぶ食材や調理法、メニュー名くらいのフランス語は知っておくとよいでしょう。

また、コンサートやオペラの劇場では、列の内側に女性を座らせる（出入りがひんぱんな端は避ける）、同列の座席シートに女性が入ってきたときは、立ち上がって女性を通す、ロングドレス、ハイヒールを履いた女性の歩調に合わせて歩く、階段や車の乗り降りでは手を貸す、危険から守るため車が走っていない側に女性を導くなどの配慮が必要です。

プライベートのデートでこのようにスマートなエスコートができれば、女性や周囲から尊敬の眼差しで見られるでしょう。グローバルなビジネスシーンで信頼される男性のマナーとして身に付けておきたいものです。

CHAPTER-6

目的に応じたコーディネート方法

Coordination

ローテーションタイプからオケージョンタイプへ

遠距離系と近距離系のコーディネートでシーンに差をつける

スーツの着こなしは、毎日何気なく変えていくローテーションタイプではなく、その日のスケジュールに合わせてコーディネートを考えるオケージョンタイプになることが大切です。ビジネスチャンスをものにするためにも、服装を戦略と捉え、1日のスケジュールの中で一番重要だと思うシーンに合わせてコーディネートしてください。

たとえば、1本のストライプタイでも、パワフルでエネルギッシュなイメージを会場の多くの人に伝えたいときには、コントラストの強いストライプタイが向きます。遠くからもよく見える遠距離系のストライプタイは、あなたを躍動的で若々しく見せてくれます。また、数人の前での社内プレゼンや、普段のビジネスシーンでは、色や線が穏やかな近距離系のストライプの方が、見ている相手が疲れません。相手との距離感を意識してコーディネートを考えるのが成功の秘訣です。

社外でのプレゼン……コントラストの強い組み合わせに

◉着こなしバリエーション
スーツ：濃紺
シャツ：白地に青のストライプ
ネクタイ：青の無地

3メートル以上離れている相手に主張したいときは、コントラスト感のあるコーディネートをおすすめします。濃紺スーツに、白シャツ、赤のパワータイといった具合です。ストライプタイも赤、青、白といったはっきりしたメリハリのある色の組み合わせにすると効果的です。インパクトのある青のロンドンストライプシャツに無地のブルーネクタイを合わせるのも、同じ効果が得られます。

社外での打ち合わせ……強烈な印象より落ち着きを

◉**着こなしバリエーション**
スーツ：チャコールグレイ
シャツ：ライトブルー
ネクタイ：青のドット柄

少人数での打ち合わせやプレゼンテーションでは、同じストライプ柄のネクタイでもコントラストが強すぎないように注意しましょう。押しの強い印象を避けるためです。チャコールグレイのスーツにライトブルーやベージュのシャツを合わせ、ストライプタイの場合は線が細めのものを選ぶことです。

社内でのブレスト……チェック柄で親しみやすく

●着こなしバリエーション
スーツ：グレイ
シャツ：サックスブルー
ネクタイ：ピンクのチェック柄

多くのメンバーの意見を引き出すブレストの進行役を担当する場合、相手に緊張感を与えるのは禁物です。グレイのスーツ、シャツやネクタイにチェック柄を入れて親しみやすい印象を与え、相手の意見を引き出しましょう。メンバーに女性が含まれる場合には、女性の嗜好色であるピンクをシャツやネクタイに取り入れるのもベター。距離が縮まり、コミュニケーションがスムーズになります。

上司との打ち合わせ……敬意、信頼を第一に

◉着こなしバリエーション
スーツ：濃紺のピンストライプ
シャツ：白
ネクタイ：グレイと紺のストライプ

目上の人との打ち合わせは、誠実、信頼・信用、敬意をカラーメッセージに持つ濃紺のスーツが基本です。これは、銀行、金融関係の方との面談、調査などのシーンにも共通しています。このとき、落ち着いた小紋柄のネクタイは万能です。

懇親会・パーティ……明るく華やかな色をプラスする

◉着こなしバリエーション
スーツ：グレイにパープルストライプ
シャツ：白
ネクタイ：ペイズリー

パープルのオルタネートストライプのスーツに、楽しさ、快活さが伝わる黄色のネクタイなどで、華やかさをプラスすると効果的です。ポケットチーフ、カフリンクスの小物を活用することもおすすめです。

パーソナルショッピングの秘訣

スーツを買うときの「1＋2＋3＝8の法則」

男性は一般的に買い物が苦手です。ショッピングは時間の無駄と考える人や販売員にすすめられると断れないのも理由のひとつにあるようです。

そこで、ショッピングを何度もすることのない、効率的な「プロのパーソナルショッピング」の秘訣を教えましょう。

まず、スーツを買うときの「1＋2＋3＝8の法則」を覚えておいてください。これは何かというと、まず、1着のスーツを買ったら（オーダーしたら）そのスーツに合う2枚のシャツを選ぶ、そして、3本のネクタイを合わせて買っておくというものです。そうすることで、6パターンのコーディネートとネクタイなしの2パターンを入れて8パターンの組み合わせができます。

特に、シャツとネクタイはバラバラで買うとどうしてもチグハグなコーディネート

ショッピングの秘訣

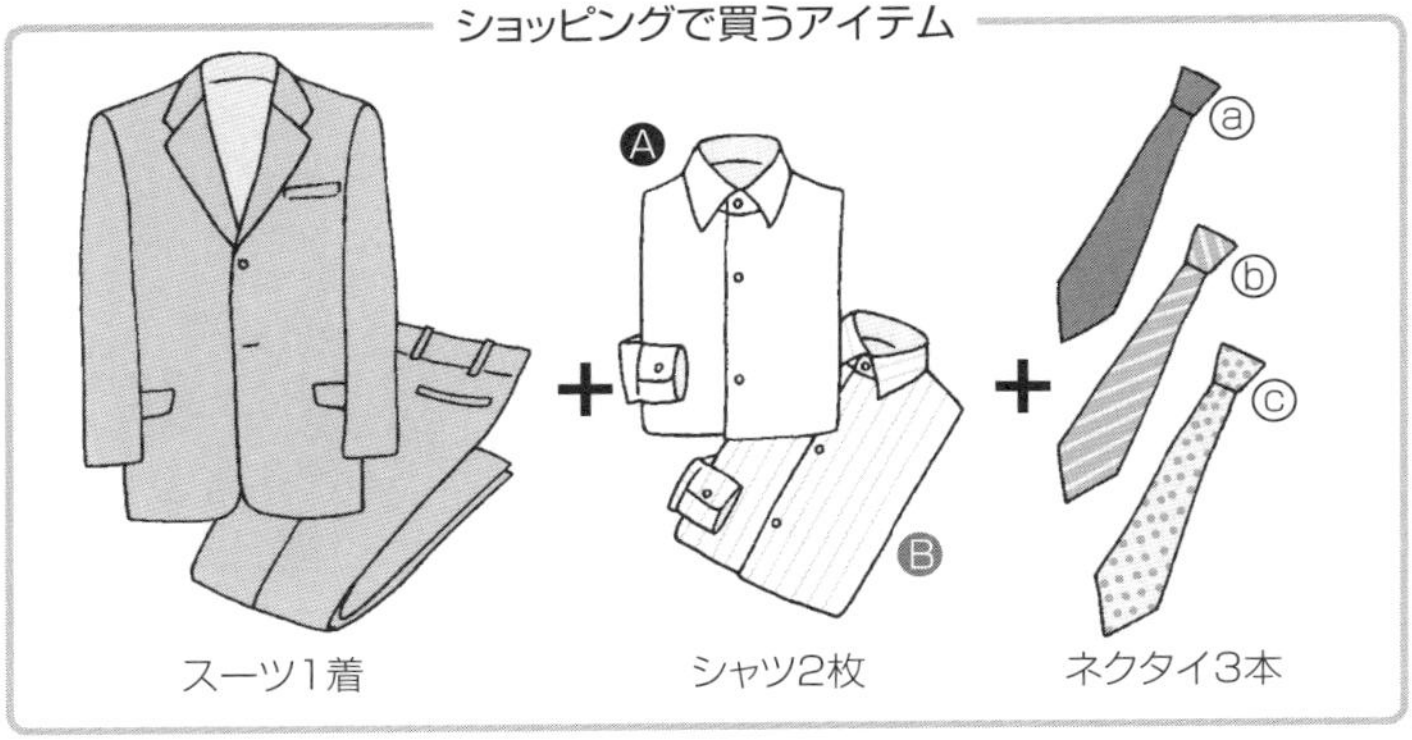
ショッピングで買うアイテム
Ⓐ
Ⓑ
ⓐ
ⓑ
ⓒ
スーツ1着
シャツ2枚
ネクタイ3本

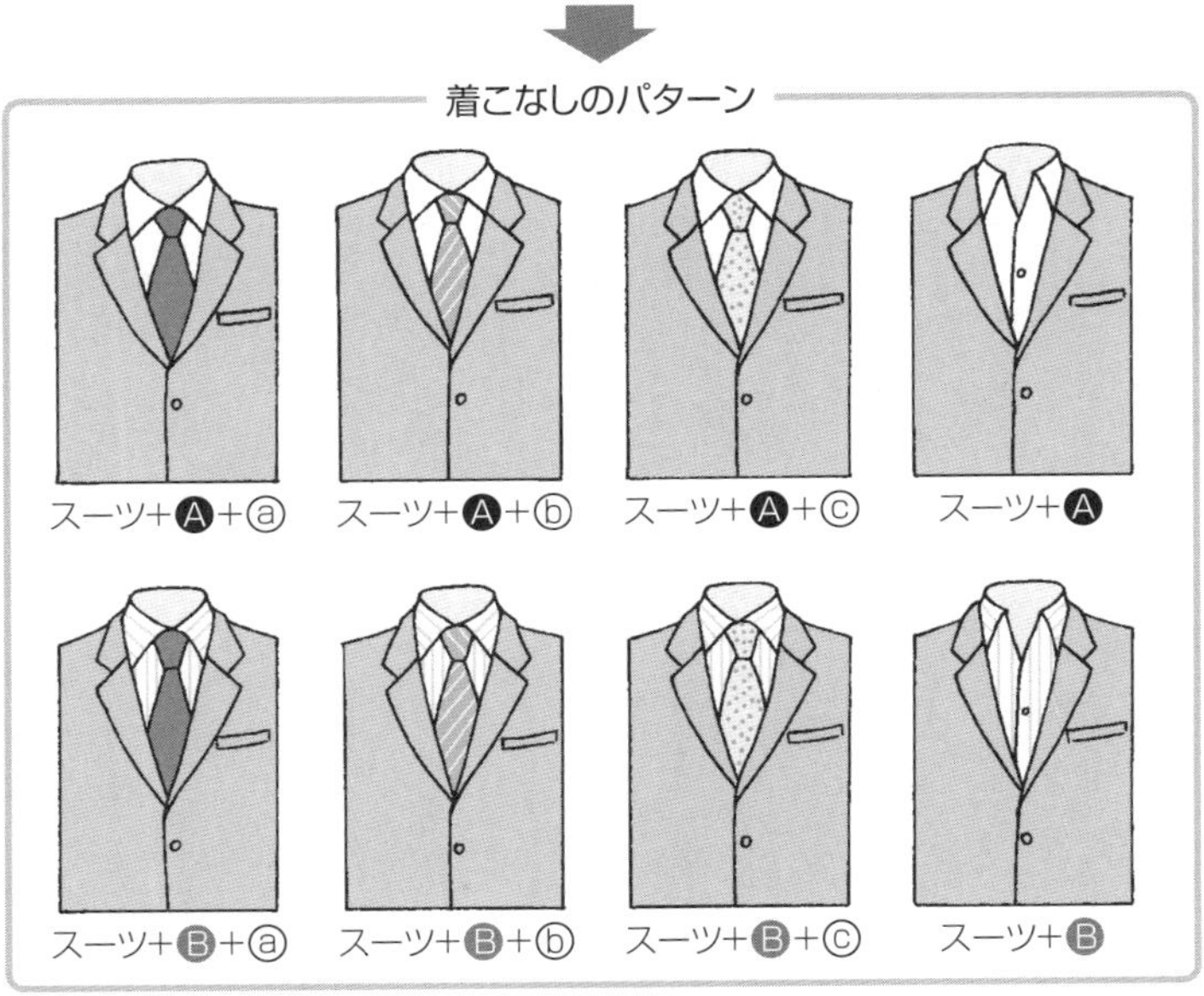
着こなしのパターン
スーツ+Ⓐ+ⓐ
スーツ+Ⓐ+ⓑ
スーツ+Ⓐ+ⓒ
スーツ+Ⓐ
スーツ+Ⓑ+ⓐ
スーツ+Ⓑ+ⓑ
スーツ+Ⓑ+ⓒ
スーツ+Ⓑ

になりますから、最初にまとめて揃えておくことをおすすめします。

ところで、よく、「スーツは何着揃えておけばよいでしょうか」という質問を受けます。業種によっても違いますが、一般的に、（雨風用＋普段用＋勝負用）×2シーズン（春夏、秋冬）＝最低6着あれば、とりあえず安心です。その他、ビジネスカジュアル（200ページ参照）のジャケットとズボンが2シーズン分、替えのズボンが2シーズン分、各1着あればよいでしょう。

テーラー系とブティック系を使い分けるのがコツ

最近、イメージコンサルティングの分野で、パーソナルショッピング（個人の買い物同行や代行）のニーズが増えている大きな理由に、どこのショップで買ったらよいかわからない、どのブランドが合うのかがわからないということが挙げられます。また、ショッピングに出かける時間がないから任せたい、という人も増えてきました。

そこで、もう1つのヒントをお教えしましょう。当たり前のことですが、まずメンズビジネススーツを専門に扱うショップでスーツを買うのが基本です。さらにいえば、そのショップやブランドが今まで何をメインに作り、男性スーツづくりに長い歴史を持っているかどうかを判断の基準にします。

たとえば、欧米の一流ブランドを例にすると、ビジネススーツはテーラー系、カジュアルスーツはブティック系のショップで買うと間違いが少なくなります。

テーラー系とは、ビジネスに向くダークスーツを豊富に置き、スーツのオーダーシステムも持っているショップのことです。こういうショップやブランドは、もしかしたら、かなりファッション通のおしゃれな人でも聞いたことがない、というかもしれません。

余談ですが、プロを目指すようなファッション知識を持っている人でさえ、当社のイメージコンサルタント養成講座やメンズ専科コースで、はじめてそのショップやブランド名を知った、という人も少なくありません。

一方、ブティック系のショップではカラフルな色使いでトレンドをふんだんに取り入れたスーツが店頭にディスプレイされています。

女性服や馬具、バッグからスタートしたブティックがほとんどで、女性が憧れるブランドであるといえばすぐに思いつくでしょう。女性からプレゼントされるネクタイは、おおむねこのようなブランドのネクタイが多いはずです。ブティック系のショップでは、ビジネスカジュアルや旅行、レストランでの食事、デートのときに活躍するタウンスーツがメインです。ネクタイ柄を見てもそれらのシーンにマッチする色柄が豊富です。

実は、この区別をきちんとしておくことが、ワンランク上を目指すために、また、センスアップする上で大きなポイントなのです。この区分けがきちんとできていないと、仕事向きのスーツなのか、遊びのスーツなのかわからなくなってしまいます。最近、日本の男性がおしゃれになったのは確かですが、ビジネススタイルがいまひとつさっそうと見えないのは、多くの場合、この二つの区別ができていないことに起因しています。

最後に、スーツを買いに出かけるときは、スーツスタイルまたはジャケットスタイルで行くことをおすすめします。Tシャツ、ポロシャツスタイルでは上着を試着するとき、ジャストフィットの感覚がつかみにくいからです。さらに、スーツに合わせる靴を履いていくことも忘れないでください。

オンリーワンのスーツを作る

スーツオーダー会へようこそ

私はコンサルティングで、よくこんな質問を受けます。

「専門店や百貨店でスーツを見ても、一体、自分にどのスーツが合うのかわからない」

「近くのテーラーや有名デパートでスーツをオーダーしているけれど、いまひとつサイズが合わない」

「ファッション誌から出てきたようなスタイルにはなりたくない」

「いわゆるブランドスーツではなく、自分ブランドのスーツを作りたい」

「そもそも、あちこち見て歩く時間がない」などです。

そのような、さまざまなクライアントからのニーズがあり、当社では、パーソナルショッピング（お買い物同行）のサービスはもちろん、年に2回、一流のテーラーを招いてスーツのオーダー会を開催するようになりました。参考までに、少しご紹介しましょう。

　はじめてスーツを仕立てる人から、30万円以上のスーツを何着も持つこだわり派まで多彩な顔ぶれです。春夏物は3月から4月のシーズンに、秋冬物は、9月から10月のシーズンに行う催しです。目指すイメージの設定と服地選びやコーディネーションをアドバイスするイメージコンサルタントと、テーラーとのコラボレーションにより、自分にもっとも合うスタイルや色柄で、その人だけのオンリーワンスーツを仕立てるという理想を、まさに、新しい形で実現したのです。

　主な手順は、次の通りです。

❶数百種類にわたる世界の一流服地サンプルから服地選び
❷テーラーによる採寸
❸詳細なスーツのスタイル、ボタン、裏地などの選択
❹シャツ地を選択し、スーツに合うディテールを決める
❺スーツに合うネクタイ、小物のコーディネートをアドバイス

スーツオーダー会の様子

たくさんのスーツとシャツ、ネクタイのサンプル

おもてなしにもきめ細かな配慮

世界の一流服地からスーツ地を選ぶ

以上のステップを約1時間の間で手際よく進めます。オーダーに慣れない人でもまったく心配はありません。そして、オーダー後約2～3週間で仕立て上がり。ちなみに、オーダー会の前には、事前にパーソナルカラー診断とワードローブ診断を済ませておきます。

当社のオーダー会には、ビジネスパーソンはもちろん、経営者、医師、弁護士、会計士、コンサルタント、大学教授、政治家、カリスマ美容師など、多岐にわたる業界業種の方が日本全国から集まってくださいます。

職業やポジション、個性や好みに合わせ、一人ひとりに似合う服地や仕様で作り上げた1着のビジネススーツ。ビジネスを成功させるためのこのようなイメージクリエイションのお手伝いは、私にとって、最高の生きがいです。そして、とってきのシャンパンやワイン、オードブルをいただきながらのオーダー会は、会話が絶えることがありません。楽しい会話の中から、細かなニーズと本音を聞ける時間です。

あなたをトータルイメージマネジメント

そしてネクタイや小物も、常連のお客様のためにカルテを見ながらコーディネートし、あらかじめ揃えておきます。これらは、海外に出かけた折に調達しておくことも少なくありません。

ワードローブマネジメント（服装計画）をプロがサポートすることで、オンとオフ、出張やシーン別の適切なコーディネートの出来上がり。

「忙しくて買い物ができない」

「いろいろスーツを仕立ててはみたものの、本当に自分に似合っているのだろうか」

と問題を抱えているクライアントのソリューションをしていきます。

おかげ様で、フルオーダーに近いオンデマンド方式のスーツは、身体にピタリと合い、喜びの声をたくさんいただいています。

「このスーツでさらにバリバリと、海外のビジネス開拓にがんばれそうです」

「やはり風合い、着心地が違いますね」

「これで自信が生まれました」

「はじめてのオーダースーツにワクワクしています」など。

その上、オーダーシャツ1枚をサービス、しかも、シーズンの終わりには高級クリーニングも1回無料としているので、スーツが疲れてもまた新品のようによみがえるというわけです。事前診断からスーツのオーダー、メンテナンスまで、トータルなイメージマネジメントをここに実現しています。

さらに、オーダー会の中では、ビジネスマナー、テーブルマナー、スピーチでの話し方の質問、トレーニングの依頼を受けることも少なくありません。トータルアドバイスを受けられる場を提供することで個別のニーズに応え、服装はもちろん、スピーチやマナー、表情づくりのトレーニングで「なりたい自分」の完璧なイメージをつくるサポートをすること。イメージコンサルティングは、まさに、内面と外見に一貫性を持たせるためのトータルなソリューションシステムなのです。

メンテナンスの達人になるための3分間

スーツはブラッシングから

スーツのメンテナンスは、脱いだらまずブラッシング。上から下へホコリを落とすように全体にかけていきます。上着は肩のサイズに合う立体ハンガーにかけ、ズボンはズボン専用のハンガーに掛けるのが望ましいです。突き出してしまったズボンのヒザやクリース(折り目)をきれいに整えましょう。

ハンガーはいずれもプラスチックのハンガーではなく、木製がよいでしょう。すべらず、スーツの形を美しく保つことができます。ハンガーに掛ける際、上着のサイドポケットにものを入れたままにすると型崩れの原因になるので、注意が必要です。

また、クリーニングは、1シーズンに1回程度にしておきたいものです。強いクリーニング液やアイロンにより、回数が多いと、どうしても風合いが悪くなります。そのためにも、3分間のブラッシングをまめに行うことが、スーツを長持ちさせる何よりの

スーツのブラッシング

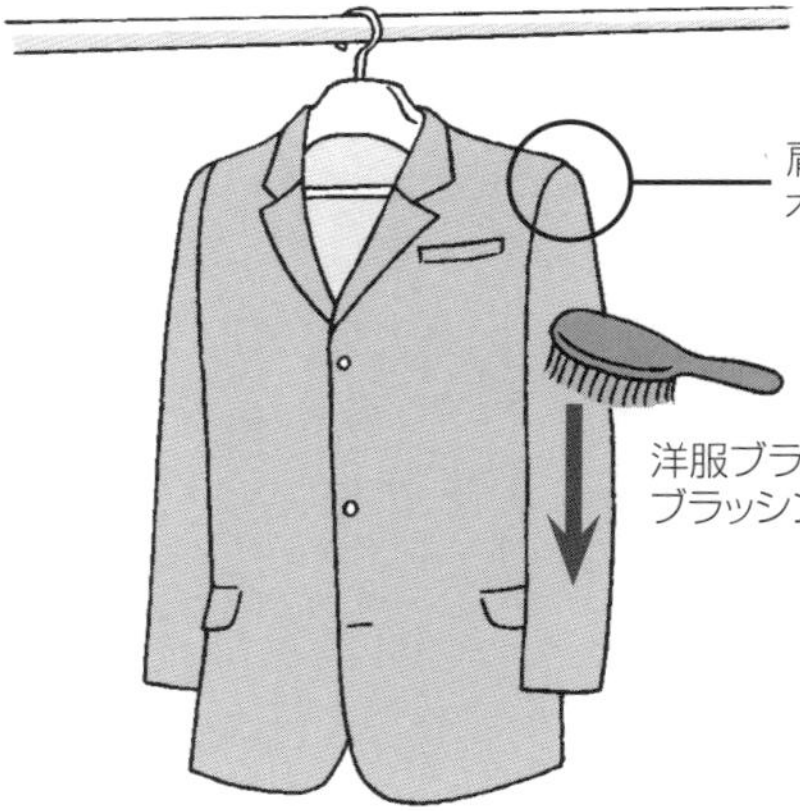
肩のサイズが合う
木製ハンガーにかける
洋服ブラシでタテ方向に
ブラッシングをする

秘訣なのです。

大切なスーツであれば、良いクリーニング店を選んで出すことをおすすめします。スーツの服地やラインの特徴、ブランドに合わせてクリーニング方法を変えてくれます。

毎日3分間の靴磨き

日本人の場合、靴の手入れがいまひとつのように思えます。しみができたり光沢を失ったりしているのは、雨が多い気候のせいではなく、あくまで手入れに問題があります。よく履く靴は1カ月に1回くらい、シューレース（靴ひも）を外し、靴クリームを付けて丁寧に磨きます。

普段は、次の3ステップで充分です。毎日3分でできる簡単なお手入れから実践してください。靴が確実に長持ちします。

❶シューツリーを入れ、軽く全体をブラッシングする
❷シュークロスでから拭きする
❸防水スプレーを軽くかける

靴は一勤三休

さらに、靴を長持ちさせるためには、1日履いたら2、3日休ませる一勤三休が理想と言われています。靴に良い仕事をしてもらうためには、シューツリーを使って靴を休ませ、このローテーションを守ることです。

木製のシューツリーは型崩れを防ぎ、余分な湿気も吸収してくれます。足は1日コップ半分、約100ccの汗をかくといいます。とくに外を歩くことが多い営業マンなどは、できれば雨用と普段用の2足、そして、ここぞの勝負用と、少なくとも3～4足は靴を揃えておきたいものです。

靴の手入れ方法

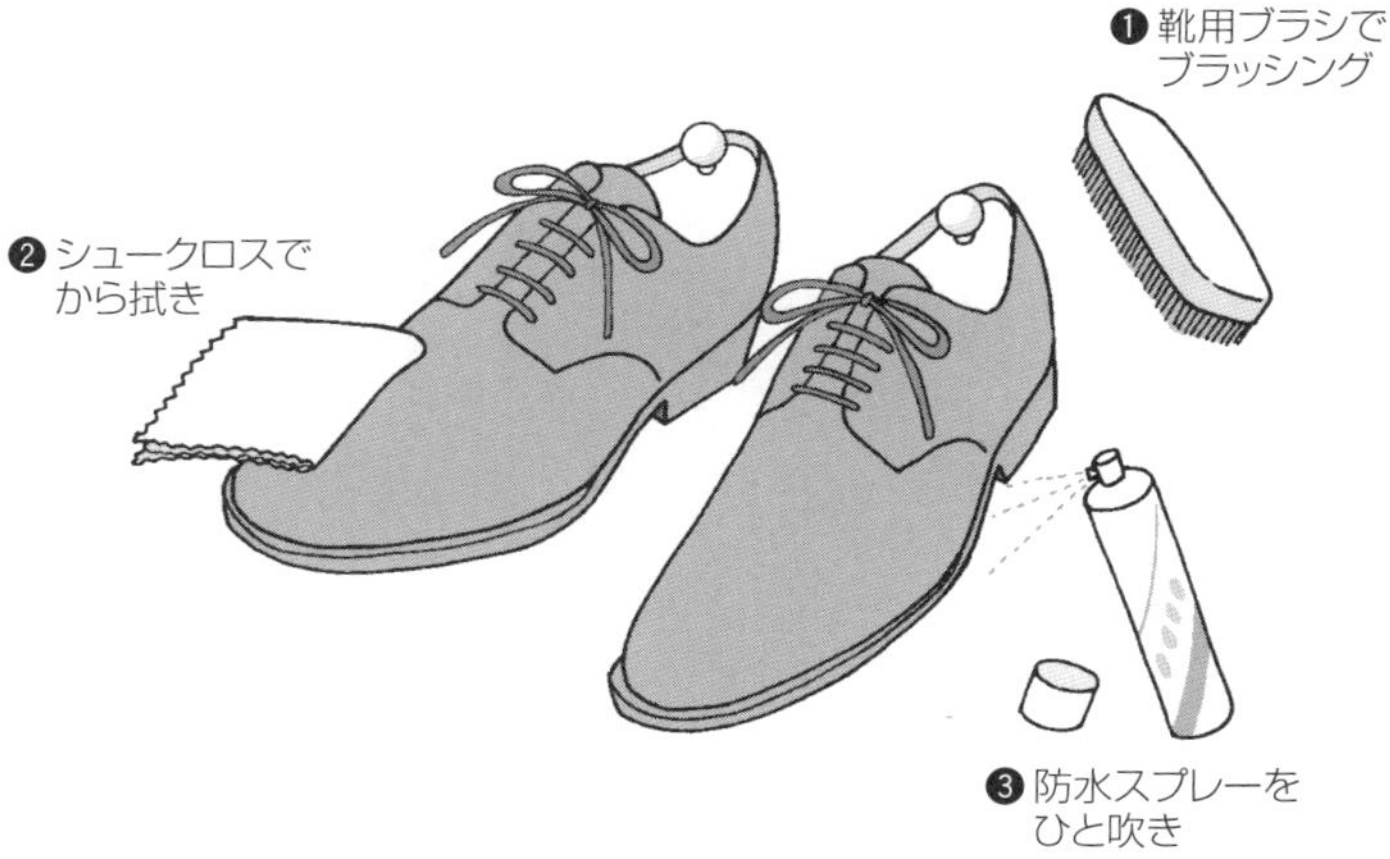

シューツリー（木ねじ型）

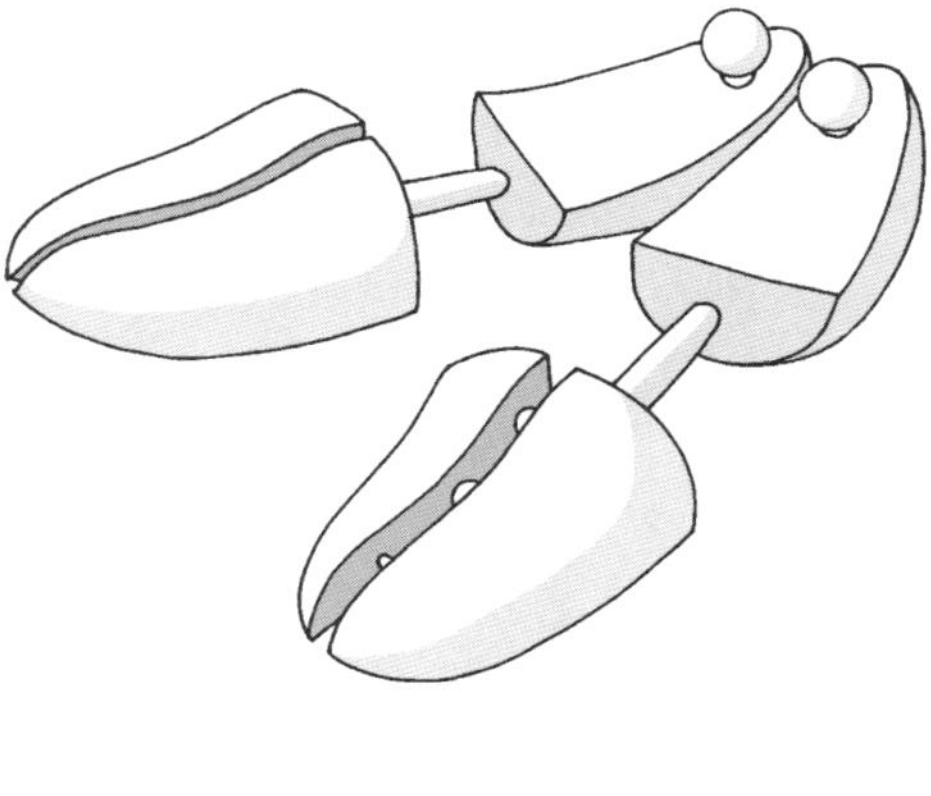

SECTION 45

TPOの3乗で自分をマーケティングする

⚜TPOの3乗とは？

競争社会におけるさまざまなビジネスシーンの中で、服装も、今までよくいわれていたTPOだけではこと足りなくなってきました。私はよく、「TPOの3乗」で自分をイメージデザインする時代と言っています。

それは、次のそれぞれ3つのTPOをかけ合わせ、場に合う自分のスタイルをクリエイションしていく方法です。その日の服装に迷ったら、これらをチェックしてみてください。どの服装が一番ふさわしいかが明確になってくるはずです。

⚜7つのパーソナルスタイル

イメージコンサルティングのイメージデザインの分野では、その人のスタイルをスポーティ、クラシックトラディショナル、クラシックエレガント、ロマンティック、セクシー、

TPOの3乗

Time …………………… 時間はどの時間帯か
Tread …………………… 業種業界は何か
Trend …………………… トレンドをどこに取り入れるか

Place …………………… 場所はどこか
Position …………… 地位、役職は何か
Performance …… 費用対効果を考えてどのくらい投資するか

Occasion …………… どのようなシーンか（商談、契約、プレゼン）
Opportunity ……… どのようなチャンスか（初対面、ビッグチャンス）
Originality ………… 個性、その人らしさがあるか

クリエイティブ、ドラマティックと主に7つのカテゴリに分類しています。

　そして職業、ビジネスシーン、ライフスタイル、パーソナリティなどから判断し、目指すべきカテゴリのパーソナルスタイルを提案していきます。その人が人生で得たいものは何か、ビジネスステージで一番印象付けたいメッセージは何か、自分が表に出したいイメージは何かを内面から分析し、最適なスタイルを客観的にイメージデザインしていくわけです。

　ファッション誌のために、スタイリストが今流行りの服を集めてスタイリングするのとは、その点で大きく違います。そしてさらに、イメージデザインには、パーソナルスタイルに合う素材、色遣い、シルエット、ヘアスタイル、小物まで包括されています。

　このようにお話しすると少し専門的になってしまうかもしれませんが、まずは、先ほどのTPOの3乗で自分をマーケティングしてみると、自分の目指すスタイルが大まかに見えてくるはずです。

　たとえば、あなたが銀行、証券、メーカー勤務で、信用・信頼を第一にする誠実系を目指すのであれば、ビジネスカラーを基本とした普遍的なクラシックトラディショナル。コンサルタント、弁護士、研究・教育関連の知性系であれば、控えめな中に知性を感じさせるクラシックエレガント。これは、エグゼクティブや富裕層相手の営業、高級ホテル、一流レストランやショップの接客などにもふさわしいスタイルです。そして、メディア、広告、デザイン業界のクリエイティブ系はどこか一味違ったテイストをコーディネートに加えるなどしてクリエイティブな服装スタイルをイメージデザインしてください。

その他、地方公務員、学校教師、スポーツインストラクター、福祉関連など、毎日顔を合わる地域密着型で活動的な仕事に携わる職種であれば、スーツだけでなくブレザーやジャケットとパンツ、ポロシャツなどを組み合わせたスポーティなスタイルが似合います。美容師やエステ関連、華道家、フラワーショップなど、女性が多く集まる中で仕事をする職業であれば、パステルカラー、花柄のロマンティックな雰囲気が漂う色柄をシャツやネクタイに加えましょう。また、セクシーなスタイルは、男らしさをアピールするミュージシャン、俳優、ファッションモデル、カーレーサー、格闘家などに向き、タイトでハードな印象の服装が似合います。

最後にドラマティックな服装は、主に、政治家、評論家、経営者、アナウンサーに向きます。50名から100名以上、大勢の前で講演をする場合のスピーカー、メディアで力強いメッセージを送る場合に効果的です。スーツやネクタイの色柄にコントラスト感があり、太めのストライプや大胆な幾何学柄、全体的にシャープな直線ラインを生かすのがポイントです。

そうしたイメージデザインに基づき、服装を戦略的に整え、適切な立ち居振る舞い、表情づくりを学び自分を変化させることで、何者であるかが相手によりよく伝わり、コミュニケーションが一段とスムーズになっていきます。

スポーティ

形：緩やかなライン、自然な肩

色：トリコロールカラー、3〜4色使い

メッセージ性：親しみ、行動的、近づきやすい

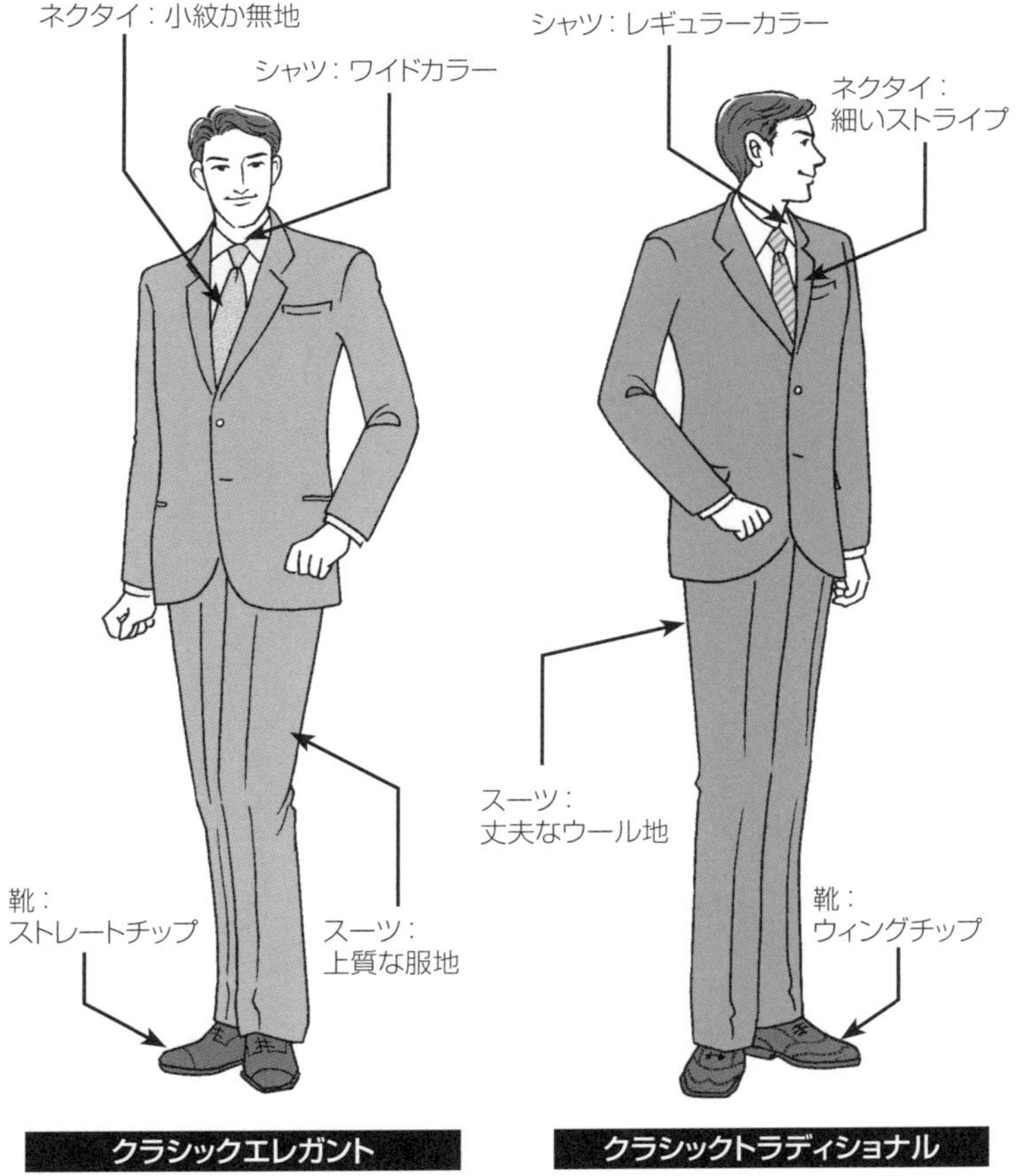

クラシックエレガント

形：しなやかなライン、
完璧にフィットする肩

色：グレイッシュ、中間色、
単色使い

メッセージ性：洗練、上品、冷静

クラシックトラディショナル

形：流行に左右されないライン、
自然にフィットした肩

色：紺、グレイ、白、2〜3色使い

メッセージ性：信頼、落ちつき、
TPOにかなった

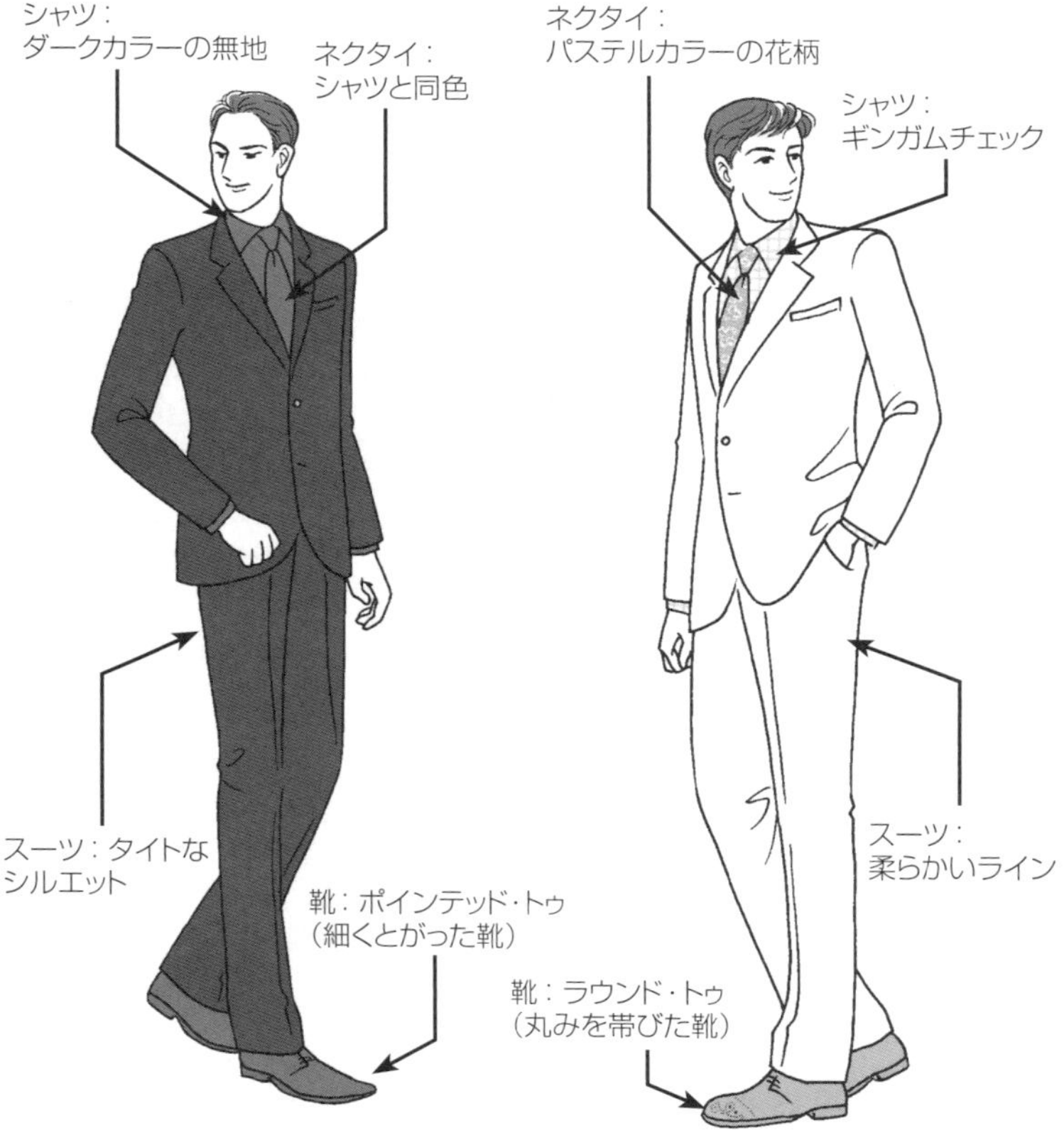

セクシー

形：身体のラインが見える、タイト

色：モノトーン、強烈な色

メッセージ性：刺激的、魅惑的、男性的

ロマンティック

形：曲線、流れるようなライン

色：パステル、淡い、ソフト

メッセージ性：優しい、女性的、家庭的

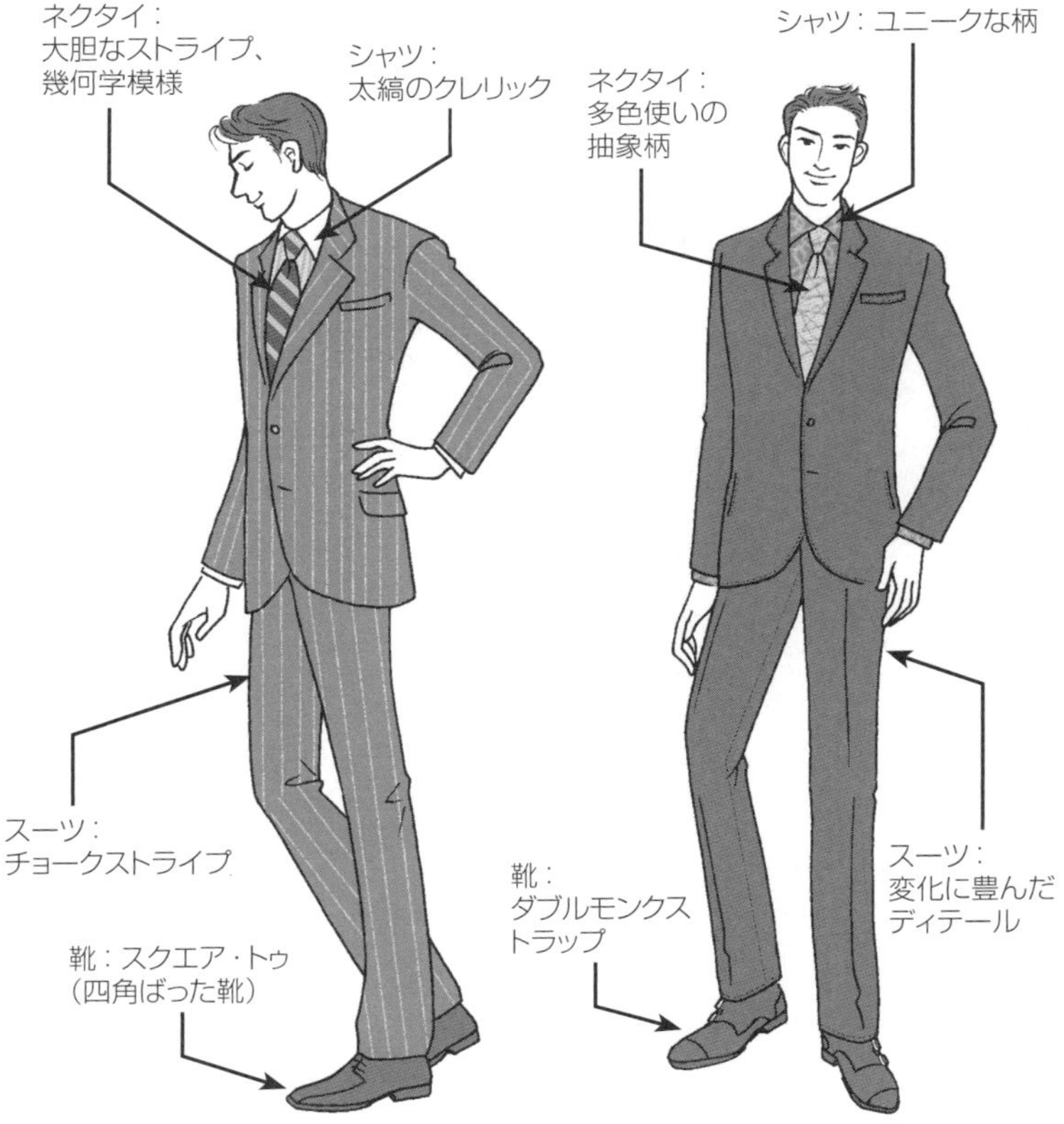

ドラマティック

形：誇張された肩やラペル、直線

色：鮮やか、コントラスト感のある組合せ

メッセージ性：自信、強さ、粋

クリエイティブ

形：個性的なデザイン、ユニーク、一味違うディテール

色：濃い色、多色使い

メッセージ性：独創的、自由

気になる部分をカバーする視覚マジック

体型カバーで見せたい自分を演出

これまでにいくつかご紹介しましたが、「色、柄、形」＋素材をマネジメントすることで、視覚のマジックにより体型の気になる部分をカバーすることができます。

洗練された着こなしをしている人は、自分の体型をよく分析して、気になる部分を上手にカバーしているものです。

簡単にできる方法を、ここでいくつか挙げておきましょう。

細身に見せる

スーツ、シャツ、ネクタイなどに、縦のストライプを使います。

ズボン、シャツのカフ（折り返しの横のライン）は避けます。

スーツの色はダーク系にして、ネクタイとシャツは寒色系の色使いを心掛けてください。

メタボ気味の人は、シングルの3つボタンスーツや絞りのきついスーツは避け、シングルの低めの2つボタンか、ダブルブレステッドのスーツにします。ズボンは、プリーツのあるものを選びます。

細身に見せるテクニック

ふくよかに見せる

服地は厚地のものを選びます。絞りすぎたシルエットは禁物です。だからといって、大きめのサイズはかえって細さが強調されてしまいますので注意が必要です。ネクタイ、シャツは暖色系の色使いを心掛けてください。スーツはウインドウペーン（格子柄）、グレンチェックなどの柄がある服地を選び、色は濃紺よりグレイを選びます。

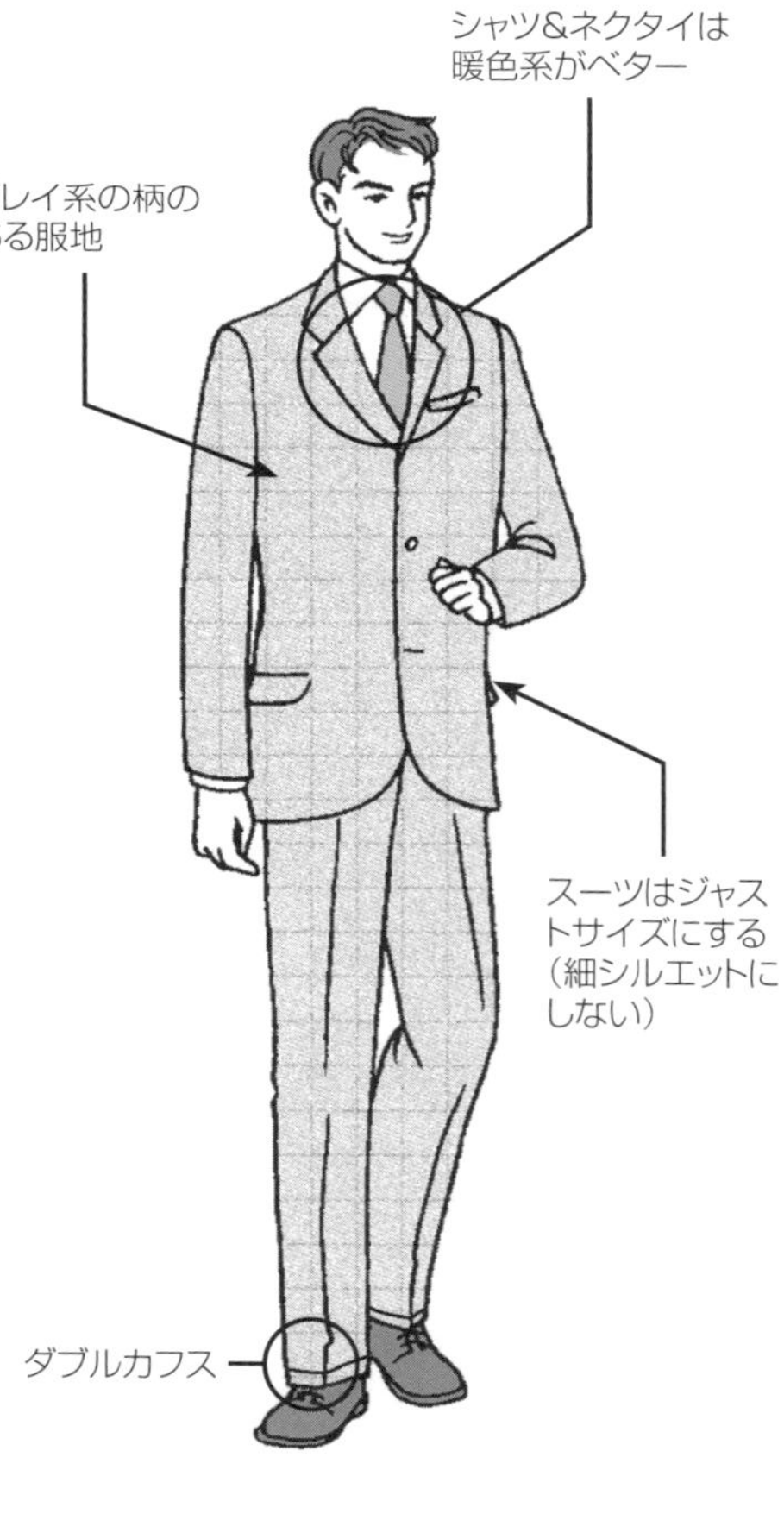

ふくよかに見せるテクニック

背を高く見せる

細身に見せるのと同様に、スーツ、シャツ、ネクタイなどに縦のストライプを使います。上着のボタンはシングルの3つボタンよりも、1つボタンにしてVゾーンをなるべく長く見せるようにします。ヘアスタイルはトップを立ち上がらせ、靴はヒールが高めのものを選びます。

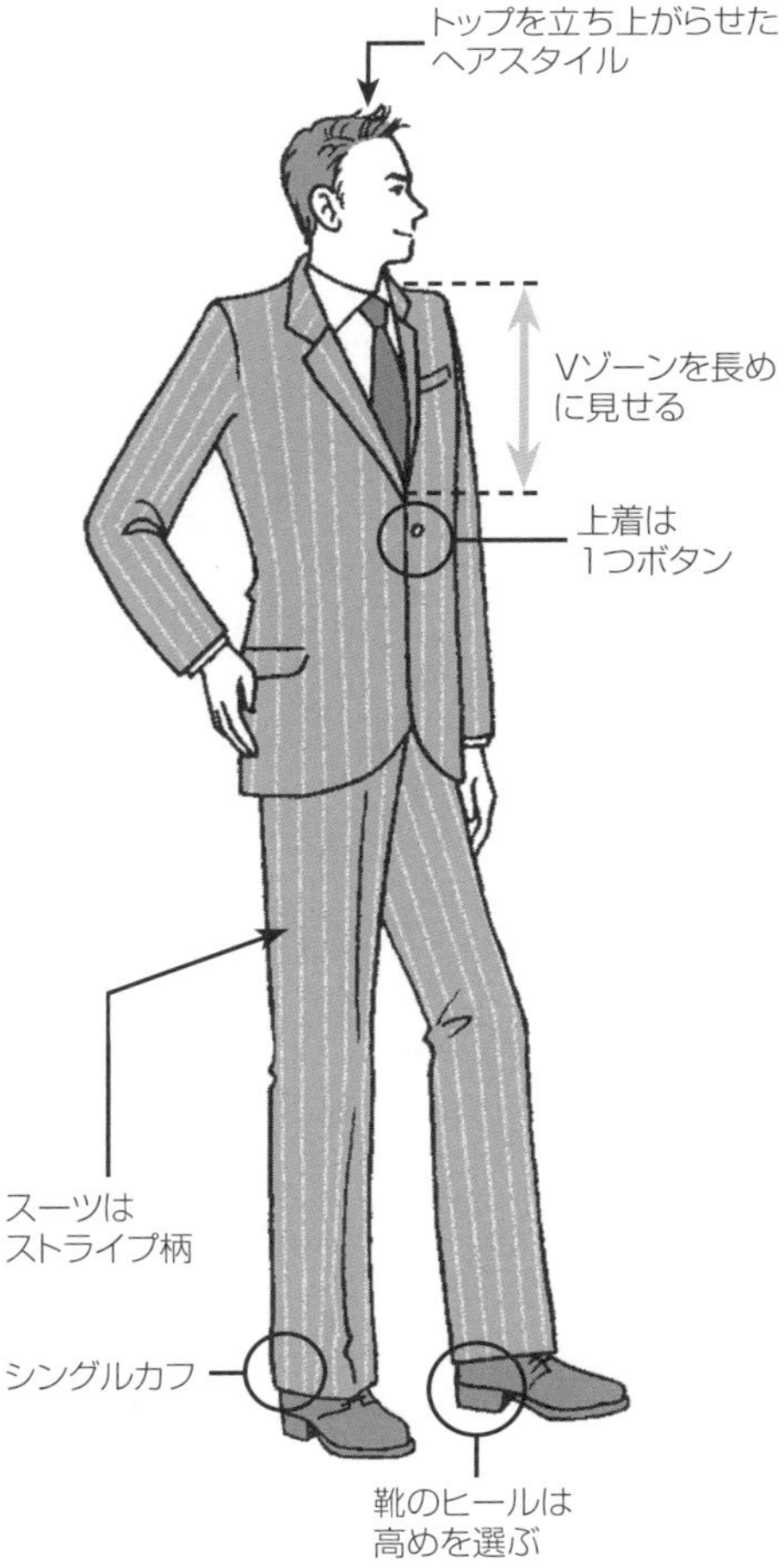

背を高く見せるテクニック

脚を長く見せる

上着の絞りのシルエットをやや上からにしてウエストラインを高めに見せるようにします。上着丈は、わずかに短めにします。ズボンのカフはシングルでモーニングカットにするか、ダブルにする場合は3センチから3・5センチの細めにします。

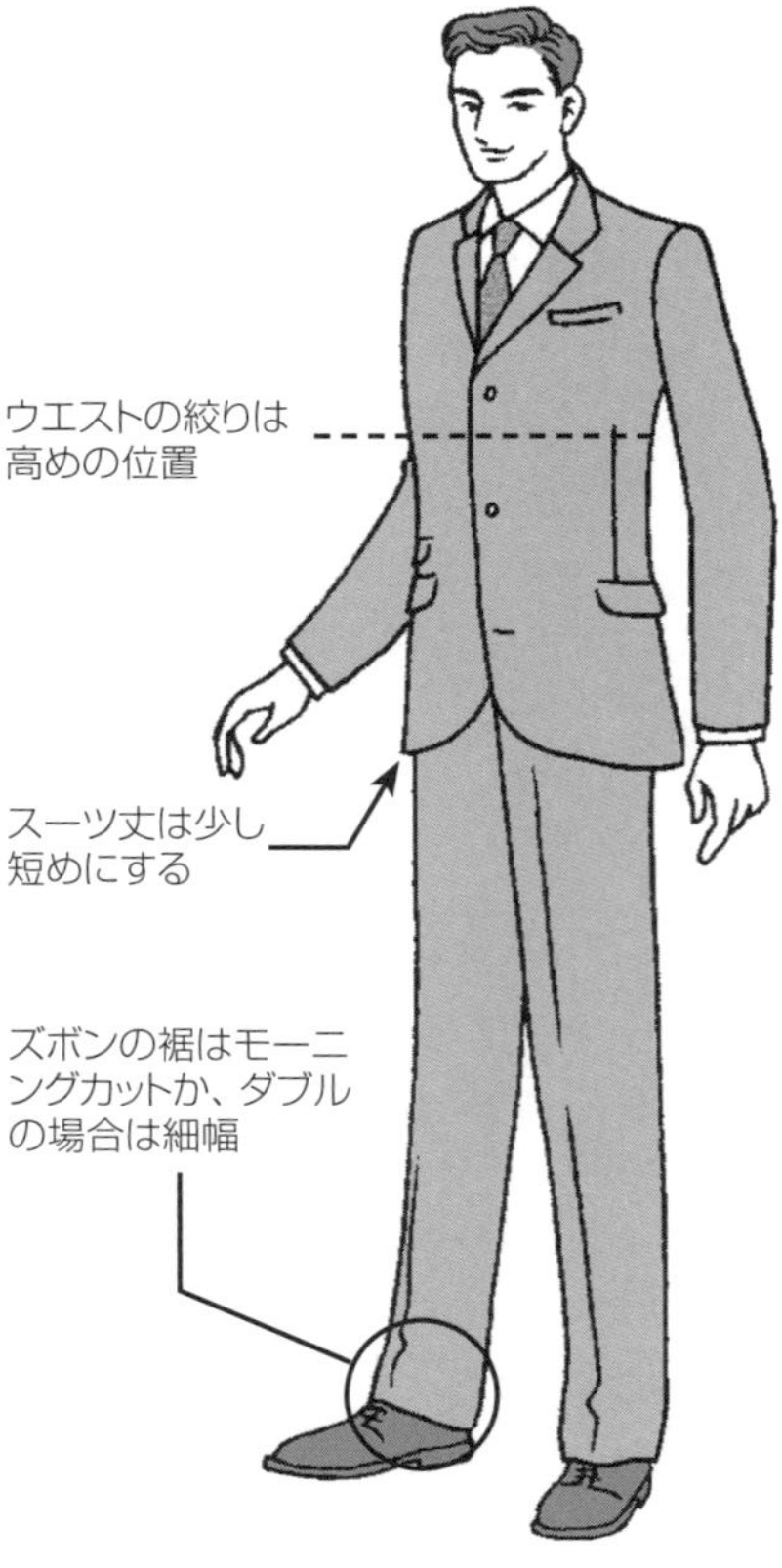

ウエストの絞りは
高めの位置
スーツ丈は少し
短めにする
ズボンの裾はモーニングカットか、ダブルの場合は細幅

脚を長く見せるテクニック

ドレスコードを理解する

ドレスコードとは？

そもそも「ドレスコード」とは服装規準のことであり、さまざまな習慣や文化的背景を持った人々が、互いに不要な誤解を招いたり、恥をかいたりしないためにつくられたルールです。明治時代に英国から導入されたといわれています。

レストランでよく言われる「ジャケット着用」「ビジネス」のドレスコード以外にも、式典やパーティでドレスコードが指定されることが増えてきました。これもグローバル社会の広がりと無関係ではないでしょう。

たとえば、「スマートカジュアル」「平服でお越しください」「カクテルドレス、ダークスーツ」「ブラックタイ」などがそれに当たります。このようなドレスコードの記載がある招待状を手にしたら、主催者に対して礼を欠くことがないよう、ふさわしい服装で出かけるのが大人のマナーです。ある意味、教養を試されるときでもあります。女性を誘うときは、指定されたドレスコードを事前に相手にも伝えておきましょう。相手の方に恥をかかせないための配慮です。

⚜「タキシード」という呼び方はヨーロッパでは通じない

「ブラックタイ」の場合、下図のように男性はタキシード、ウイングカラーシャツに黒のボウタイ(蝶ネクタイ)を着用します。タキシードは、イギリスではディナージャケット、フランスやドイツではスモーキングジャケットと呼ばれています。現地で調達する場合、「タキシード」と言っても通じないことがあるので覚えておきましょう。

「カクテルドレス、ダークスーツ」の場

ブラックタイ

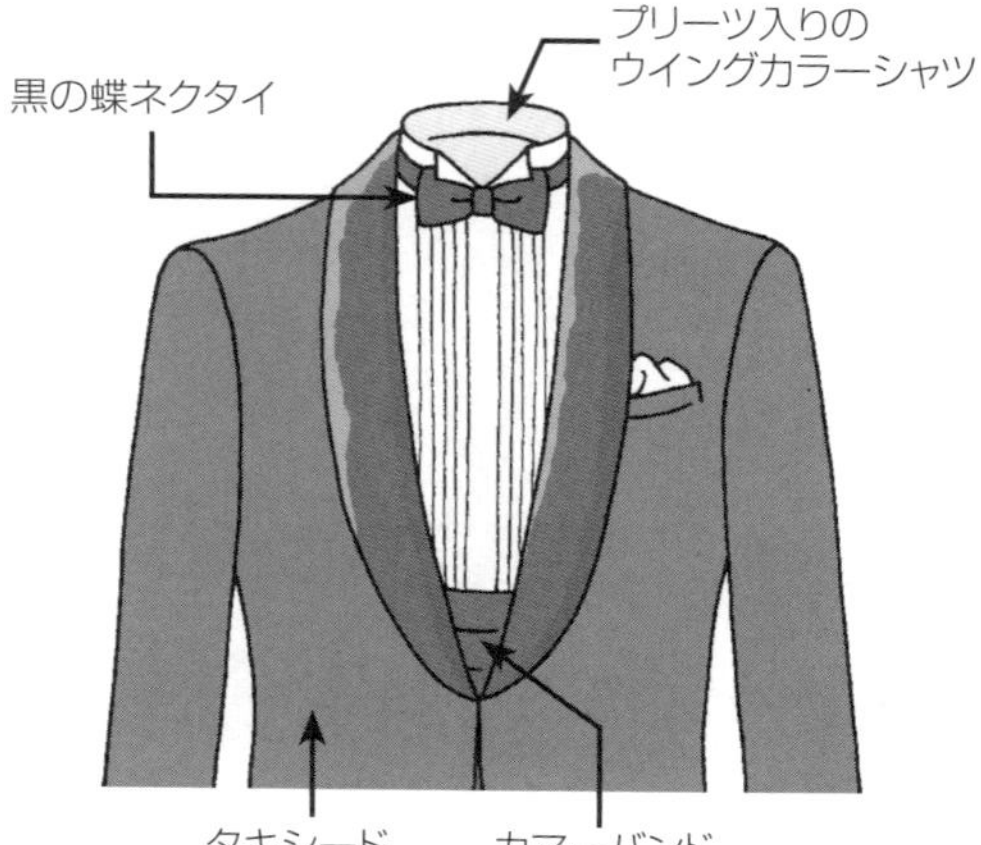

合には、男性は上質素材の濃紺やチャコールグレイのダークスーツに、細かいドット、小紋や無地の光沢あるネクタイ、それにポケットチーフを添えるとパーティらしい演出ができます。

　ポケットチーフはシルク素材にし、無地のネクタイには小さい色柄、柄のネクタイには無地にするとバランスがとれます。飾り方は、さりげなく入れるパフドかクラッシュドが似合います（１４７ページ参照）。

　パーティシーンだけでなく、外資系企業では国内での研修会や会議でも、ドレスコードを設けることがあります。たと

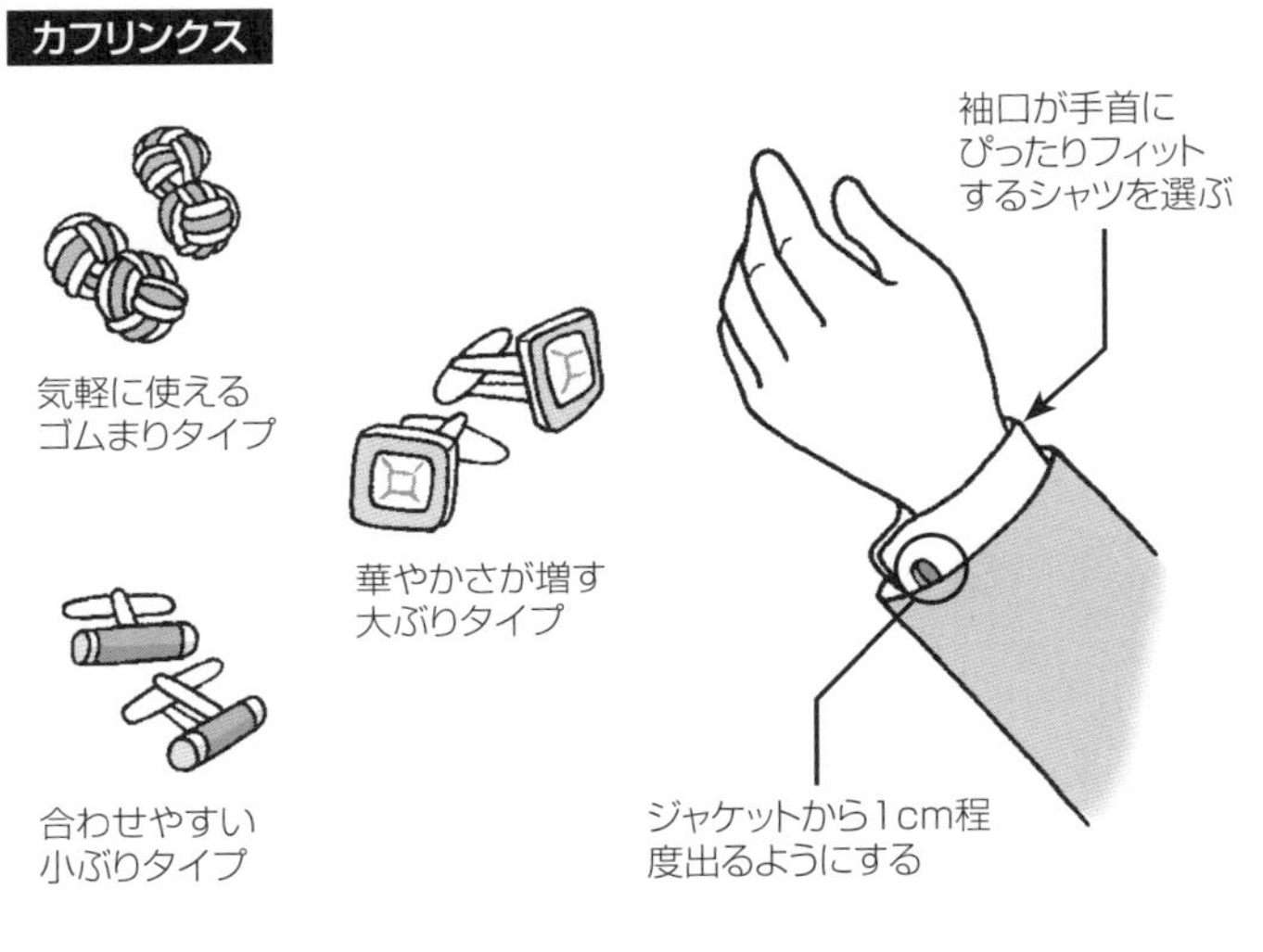
カフリンクス
気軽に使える
ゴムまりタイプ
華やかさが増す
大ぶりタイプ
合わせやすい
小ぶりタイプ
袖口が手首に
ぴったりフィット
するシャツを選ぶ
ジャケットから1cm程
度出るようにする

えば「スマートカジュアル」という場合には、200ページで紹介しているビジネスカジュアルのスタイルに準ずると考えてください。シーンに合わせて、色の鮮やかなポケットチーフやカフリンクス(カフスボタン)を付け、華やかさをプラスしてもよいでしょう。

その他、海外のコンファレンスに参加する場合、ドレスコードとして、たとえば、ニューヨークであれば「都会的」、アトランタは「保守的」、サンフランシスコでは「カジュアルなビジネススタイルで」などと、国や都市によって服装のイメージが添えられていることがあります。

カジュアルスタイルの基本

地球温暖化対策の一環として、クールビズ、ウォームビズがあります。しかし、涼しいのであれば、暖房費が節約できるのであればどんな格好をしてもよい、ということではありません。この政策が導入されたばかりのときは、どのようなスタイルにすればよいかと迷いの相談が企業や個人から多く寄せられました。

しかし、数年たった今そのスタイルに慣れてくると、職場では、ともすると先のように少しはき違える傾向が出てきているようです。ラフになることなく、あくまでビジネスを前提にした節度あるカジュアル、つまりビジネスカジュアルのセオリーの範囲でスタイルを考えるべきです。

すでに、アメリカでは、ファンドビジネスのマネジャーに代表されるように、自宅で働く人が多くいます。日本でも起業家が増え、会社の雇用形態が変化するにつれ、徐々に増えてきました。それらさまざまな働く環境の変化に伴い、そこで働く服装スタイルにも変化が見られます。

そのようなビジネス環境の変化の中で、大切なことは、状況に応じたふさわしい服装を常に考えることです。たとえば、職場にいるとき、クライアントに会うとき、取材を受けるとき、セミナーに参加するときなどなど。そうしないと、思わぬ誤解を受けたり、相手に失礼なシチュエーションが発生したりして、場合によっては相手を怒らせてしまうかもしれません。

マイクロソフト顧問のビル・ゲイツ氏は、取材やシーンによって服装を変えています。メディアでよく目にするビジネスカジュアルなスタイルもあれば、講演をするときのように赤いネクタイを締めたパワースーツ姿のときもあります。それに対して、いつもTシャツ姿の日本のベンチャー企業社長は、ビジネスの常識も問われ、多くの批判を浴びてしまう結果となりました。能力があったとしても、服装スタイルに常識がないと大きな損をしてしまいます。

3つのカジュアルスタイルを理解しておけば怖くない

カジュアルスタイルの分類

一口にカジュアルといってもいろいろなスタイルがありますが、カジュアルスタイルで悩んでしまう人が多いのは、どこまでが許容範囲かわかりにくいからです。そのため、カジュアルスタイルを「ビジネスカジュアル」「ウイークエンドカジュアル」「スポーツカジュアル」の3つに大別して、それぞれの特徴を掴んでおきましょう。

ビジネスカジュアル

ビジネスカジュアルは、ビジネススーツあるいはジャケット&パンツを基本にし、ビジネスの中で受け入れられる範囲のカジュアルスタイルです。クールビズ、ウォームビズ、出張時の移動や郊外での研修会、海外でのコンファレンス（会議）、週末の勉強会、社員旅行、カジュアルフライデーなどに向くスタイルです。

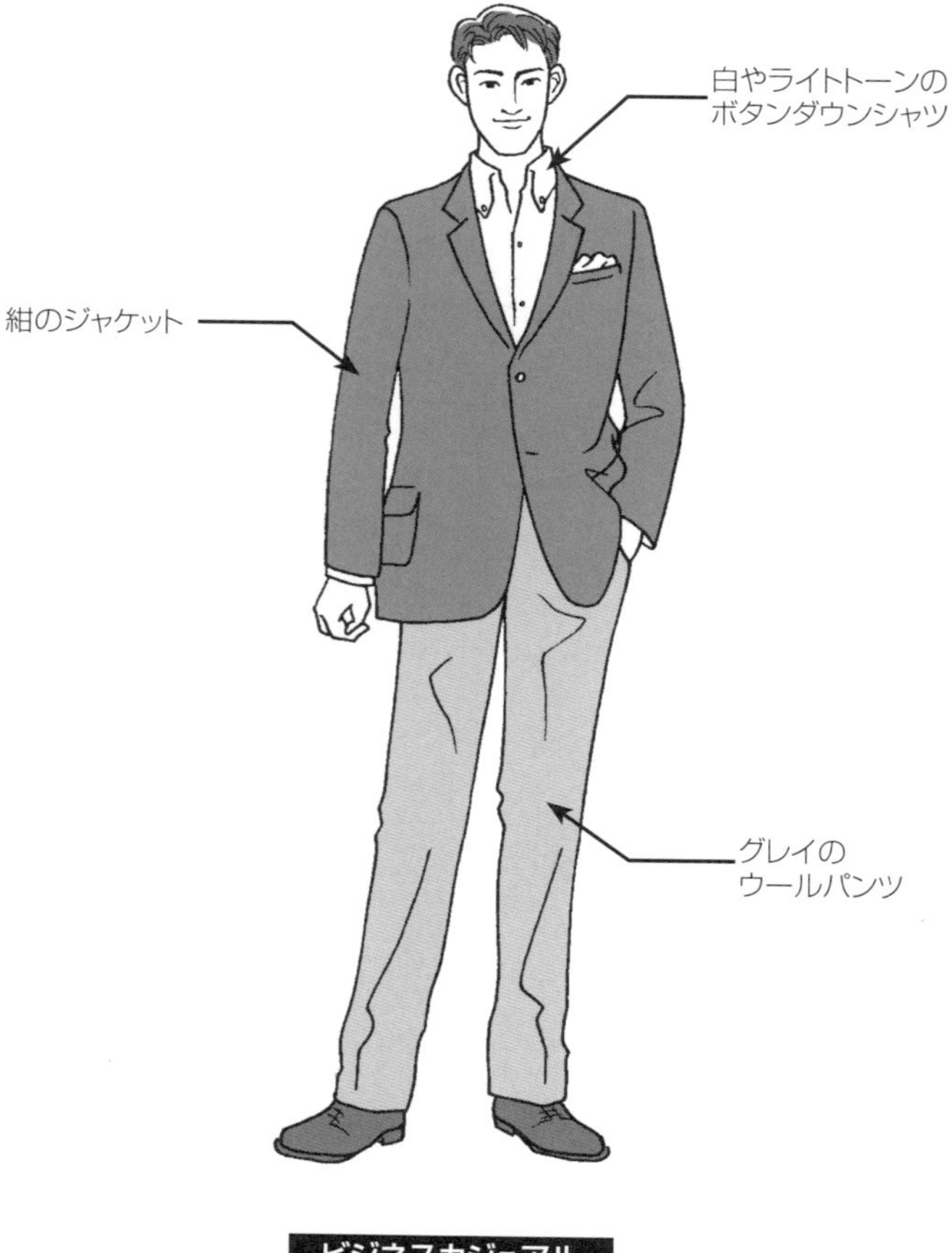

ビジネスカジュアル

ボタンダウンシャツ、ニットタイ、モチーフや幾何学のネクタイ、パステルカラーの明るい色のネクタイ、ノーネクタイやインナーに薄手のタートルネックセーターというように、Vゾーンを変えただけで、ビジネスカジュアルなスタイルが出来上がります。

スーツの服地の中でも、ヘアラインストライプ、シャークスキン、ヘリンボーン、グレンチェック、バーズアイ（鳥の目のような小円を並べた模様）、ハウンドトゥース（千鳥格子）など、柄に特徴があるスーツはビジネスカジュアルに向いています。この他、ライトグレイ、ベージュ、カーキなどの明るい色のスーツや、紺のブレザーにグレイのサマーウール（冬はフラノパンツ）の組み合わせなどは、ビジネスカジュアルといえます。

また、冬に着る厚地のツイードは狩猟のときに着用したことから、ビジネスカジュアルに向く服地です。柄に特徴があり、柄の大きさによっては上下対のスーツにすると目立ちすぎることがあるので、ジャケットとしての使い方がよいでしょう。

ウイークエンドカジュアル・スポーツカジュアル

「ウイークエンドカジュアル」と「スポーツカジュアル」は、主にプライベートシーンのスタイルです。一般的な仕事着ではありません。

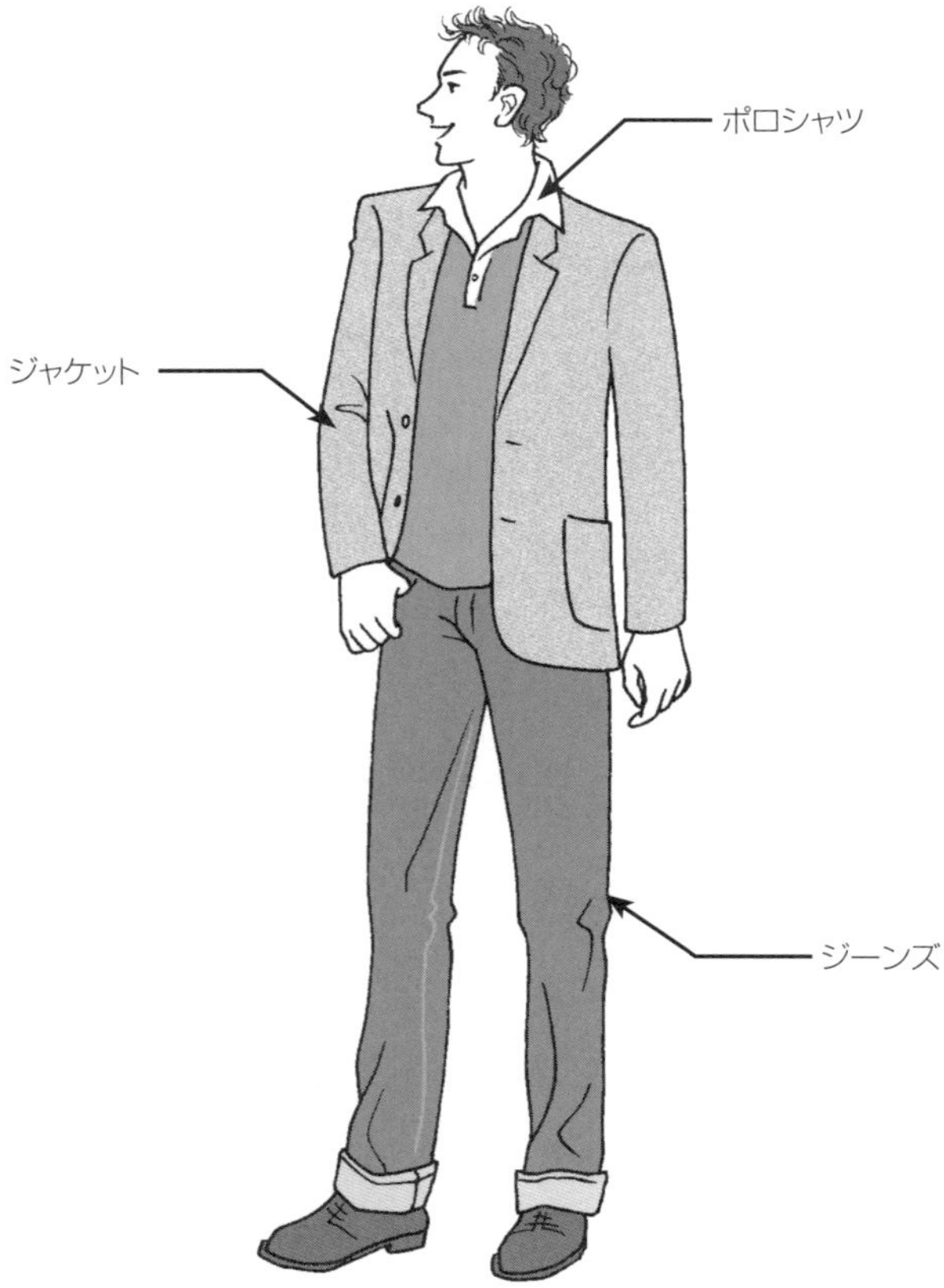

ウイークエンドカジュアル

ウイークエンドカジュアルは、普段着やバカンスでレジャーを楽しむときのスタイルです。Tシャツにジーンズ、ポロシャツ、半袖シャツにバミューダ、ブーツ、厚手のセーターなどがこれにあたります。

最後に「スポーツカジュアル」は、その名の通り、ゴルフ、テニス、スキー、ヨットなど、スポーツを楽しむときやアフタースポーツのためのスタイルです。

この3つの違いを理解しておくと、迷うことなくビジネスカジュアルを装うことができるでしょう。

スポーツカジュアル

クールビス・ウォームビズの着こなし方

もうクールビスで悩まない、着こなしのポイント

クールビズの着こなし方には、次の3段階があります。

まず、サマーウールなどを使った夏用背抜きスーツに、涼しげなコットン素材のニットタイなどを合わせるフォーマルなスタイル。次に、ノーネクタイで夏用ジャケットにズボンを組み合わせた、セパレートタイプ（通称：ジャケパンスタイル）、最後は最もカジュアルな、上着なしでボタンダウンなどのシャツや無地のポロシャツにサマーウールのズボンやコットンパンツを組み合わせるスタイルです。

仕事場で来客との打ち合わせなどでは、できれば、2番目のジャケット着用でありたいですが、普段は、3番目のスタイルが一般的でしょう。不意の来客などに備え、ロッカーにジャケットを一着用意しておく配慮が必要です。

きちんと感があり、センスよく見せるには、存在感のあるシャツを選ぶことです。基

本は長袖で（地域によっては半袖も可）、ポイントは襟の形、そして、襟がピンと立っていること。ボタンダウンやスナップダウン、ノーネクタイを前提とした、第一ボタンのところにボタンが2つあるデュエボットーニなどがおすすめです。

汗をかきやすい方は、通気性などがある機能性下着を着用し、シャツの色は、汗が目立たないように、ブルーよりは白シャツを選びましょう。

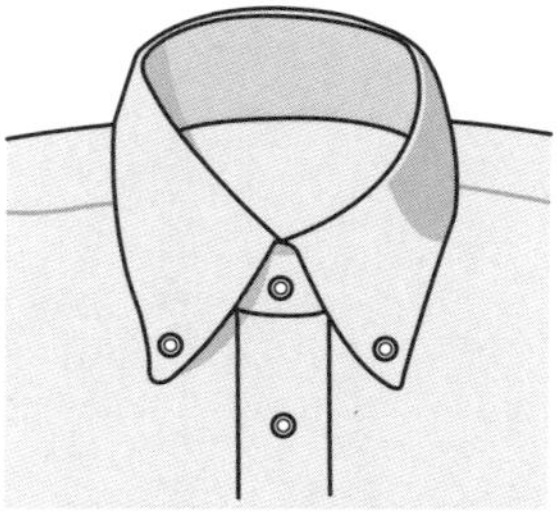

ボタンダウン

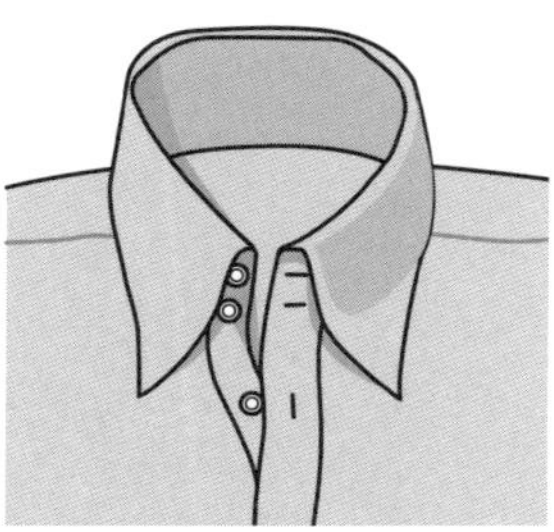

デュエボットーニ

スナップダウン

ウォームビズはすっきり感を大切に、着こなしのポイント

ウールのスーツに同素材のベストを加え、スリーピースで着るのがおすすめです。ベストは、前開きで脱ぎ着がしやすく、上着を着ても肩や二の腕に圧迫感がなく、上着を脱いでもきちんとした印象があります。

単に着込むだけでは、着膨れし、見た目がやぼったくなります。しかも、動きにくくなりますので、保温性のある機能下着などを活用しましょう。その場合、下着のラインが透けて見えにくい色や製法のタイプを選ぶことがポイントです。すっきり感も意識しましょう。

ウールタイプのニットタイは首元を温めるのに効果的です。薄手のカーディガンやセーターを合わせる場合、色は、紺、チャコールグレイ、黒などの落ち着いたビジネスカラーを選ぶようにし、スリーピースよりは、カジュアル感がでますが、職場内での定番スタイルといえます。

服装における「グローバルスタンダード」の捉え方

さまざまな国籍や文化、習慣、宗教、ジェンダーからくるダイバーシティ、つまり、属性を超えた多様な人材活用、そして、多様化する企業文化を背景に、服装などの「外見力」にも明らかに企業、団体、組織ごとに変化がみられます。

では、これからの時代、グローバルスタンダードな服装をどのように捉えていけばよいのでしょうか。次のように、大きく3つの服装スタイルに分けて考えると簡単です。

① 従来の欧米型スタイル
② 企業文化型スタイル
③ 地域特性型スタイル

従来のアメリカ、ヨーロッパを中心とした大括りの欧米型スタイルを基本としながらも、それに加えて、かつて、スティーブ・ジョブズ氏が見せた外見力のように、企業風土、経営理念に根ざした企業文化型スタイルが存在します。さらには、各国や都市が持つ独自の文化・地域性（気候、習慣、宗教、歴史など）を尊重した、地域特性型スタイルといえるものがあります。これら3つの服装スタイルを状況別に柔軟に採用していくことが、新たなグローバルスタンダードとなりえるでしょう。

最適なドレスコードに適合する能力

一方で、「グローバリゼーション」はローカリゼーション」ともいわれています。実際にはすでに、アメリカ、中国、日本といったひとつの国内においても、都市や地域によって、それぞれからなる文化、地域特性や生活習慣から、ビジネスでの服装スタイルも多少異なっています。さらにいえば、同じ会社であっても、部署や職種などによって、目指すもの、顧客の期待が異なり、当然ながら求めるドレスコードが違ってきます。

つまり、ダイバーシティの環境下では活躍するビジネスパーソンにとって、国、相手、目的などによって、最適なドレスコードを選択し、受容し、適合できるコミュニケーション能力が今まで以上に求められる時代といえるでしょう。

COLUMN スーツ以上に悩む男性の腕時計選び

当社における、男性パーソナルショッピングランキングは次の通りです。1位はスーツ（シャツ、ネクタイを含む）、2位は靴、3位は腕時計、4位はメガネ、5位はカジュアルウエアの順番です。

中でも、スーツ以上に悩むのが時計選びです。男性の場合、スーツ、時計、靴、車選びのこだわり方には、共通項がたくさん発見できます。

時計は、大きく3つに分類されます。

自社一貫生産システムを持つ老舗時計ブランドのマニュファクチュール系、高級ジュエリーブランドのジュエラー系、ファッションブランドメーカーを中心としたファッション系の3つです。

メカ重視、仕事に向くタイプはマニュファクチュール系。一点豪華のラグジュアリー志向、パーティシーンに合うのはジュエラー系。洋服、バッグなど小物と一緒にファッション感覚で楽しむならファッション系の時計が向くでしょう。時計もスーツや靴、メガネと同様、TPOに合わせて付け替える時代です。

ちなみに、腕時計の王道は円形、昼は文字盤が白フェイス、夜は黒フェイスの薄型タイプ、ダイバーズウオッチはカジュアルやスポーツシーンに、というのが一般的ですが、時計業界もデザイン性重視、ミスマッチを楽しむファッション主導型となってきているようです。とはいえ、ビジネスシーンでは時計だけが主張しすぎないようバランスをマネジメントしなければなりません。
時計は出張や旅行の際、海外で買う人も多いと思いますが、時計に限らず、海外では買い物のマナーを守るとさらに楽しい時間になります。難しいマナーはありませんが、次のことに気を付けたいものです。

まず、ショップに入ったら、他人の家を訪問するのと同じだと考え、必ず挨拶をしましょう。勝手に商品に触るのは一番嫌がられます。店員に声をかけてから見せてもらうことです。

店員はショップに入った時点で買う意思がある客だと認識します。なぜなら、海外では一般的に、買わない場合はウィンドウからのぞくだけで、日本人のようにショップには入らないからです。

もし見るだけなら、その旨を伝えるのもマナーです。そして、気に入らず買わないときは、あなたの時間をどうもありがとう、という気持ちをこめて丁寧に挨拶をします。

こうすれば、買わなくても感じよく応えてくれます。買い物のマナーが良ければ、高額商品などをそのときすぐに買わなくても、真剣に買い物に臨む客として、むしろ敬意を払ってくれるでしょう。

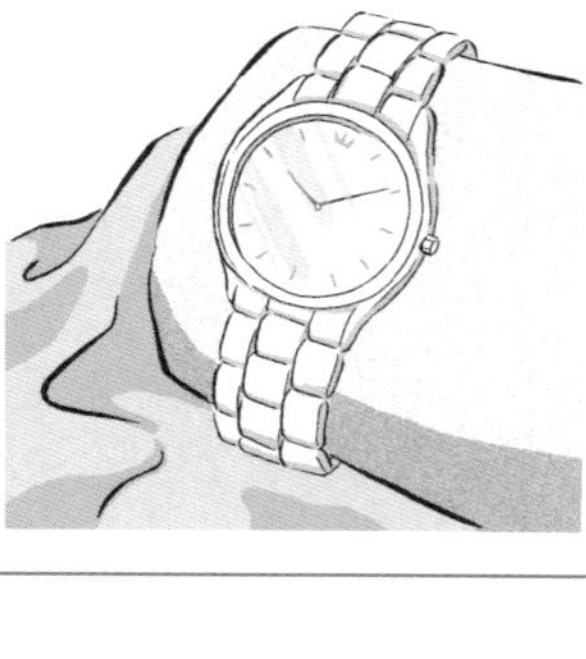

Epilogue

おわりに

「日本に魅力的なビジネスパーソンを増やしたい。自信を持って、世界の舞台で輝いてほしい」と私は心の底から願っています。日本の未来を担う、「ニッポンの幹部候補生」であるみなさん一人ひとりが魅力的になることで、会社が、世の中が、あなたの人生が変わると思うからです。ずいぶん大げさなと思われるかもしれませんが、私は真剣にそのように思っています。そして、あなたはもちろん、あなたを取り巻く多くの方にも幸せがやってくると、私は信じています。なぜなら、あなたが素敵になることで、あなたを見る相手も必ず喜んでいると思うからです。

2004年、自著にて「ビジネスパーソンにとって、外見に気づかうことは決しておしゃれではない、自分マーケティングの戦略である」という概念規定を提示して以来、ビジネスエグゼクティブはもちろん、メディアに登場するニュースキャスターやアナウンサー、政治家の方々の服装が格段に洗練されてきました。

そして本書は、2008年5月に出版以来、オーディオブック版、大活字版、そして、今回の改訂新版が発売され、おかげさまで、ロングセラーになっています。新人研修、営業研修、リーダー研修などの企業研修や地方自治体での講演会での副読本として、また、職場の男性やご主人、恋人のセンスアップのために日々励んでくださっている女性の方など、多くの方々にご愛読いただいており、この場で、心から御礼申し上げます。

また、この本は、服装、立ち居振る舞い、話し方などのセルフブランディング、コミュニケーションスキルを専門にアドバイスする弊社のイメージコンサルタント養成講座、メンズ専科コースの参考図書です。みなさんの魅力を「見える化」するために、プロを目指すイメージコンサルタントもこの本を活用しています。多くの修了生から聞こえてくる、彼らのクライアント様の喜びの声もまた、私の励みでもあり誇りです。

そして、著者の私に、本当に数多くのお手紙をいただきます。その中には、ビジネスの成功例だけではなく、ようやく理想の女性と出会うことができ、人生の素晴らしい伴侶を得ることができたなど、涙ぐんでしまうものもあります。これらのお手紙はまさに私の宝物でもあります。

ここで、見た目の良さが収入を上げる、その事例をひとつ挙げておきましょう。

ある日、外資系ＩＴ企業の営業マンがやってきました。事前のデータからは30代後半なのに、30歳そこそこの若者に見える彼は、はなはだ信頼感に欠け、中小企業の経営者に、「君のような若い人に言われてもねぇ……」と、なかなか大きな契約が取れず悩んでいました。当社を訪れたのは、上司から、「その幼く見える外見を何とかしないと年収を半分にするぞ」と言い渡されたからです。彼にとっては、死活問題でした。

そこでまず、外見力の重要なファクターである服装を職種と知性を表現するスーツに変え、相手に合わせてシャツやネクタイとのコーディネーションを変化させること。さらに何度か通っていただき、表情づくり、姿勢、動作、立ち居振る舞い、ビジネスマナーのブラッシュアップ、話し方の基本と好印象を与える効果的なプレゼンテーションをトレーニングしていきました。

ひととおりのコンサルテーションを終えた頃、すっかり「できるビジネスパーソン」「会社を担う幹部候補生」に変わっていました。商談に臨むと効果はてきめん。以前は決断を渋っていた経営者が、

「確かにあなたの言うとおりだね」

と変化し、大きな契約もスムーズに決まり始めたのです。やがて、会社との契約更新日。彼の年収は、半分になるどころか何と４００万円も上がっていました。

日本のビジネス社会が成果主義へと変化する中で、今までのような「なあなあ」では勝ち残っていけない。きびしい競争社会の中では、自分をきちんとアピールできないと上に上がっていけない時代です。

時代は、ダイナミックに動いています。

あなたがもし30代ならば、若さのなかにも充分なキャリア、能力、見識、知性が備わっているはずです。やがて会社を支え、「ニッポンの幹部候補生」ともいえる30代のみなさんにこそ、それら目には見えないものを「目に見える確かな形」にして鮮やかな外見力を身に付け、自己実現の夢を果たしていただきたいと心から願っています。

大森ひとみ

■著者紹介

大森《おおもり》 ひとみ

外見力コーチ・国際イメージコンサルタント、株式会社大森メソッド代表取締役社長兼CEO。AICI国際イメージコンサルタント協会最高位CIMイメージマスター・本部元インターナショナル役員・東京チャプター元会長。通産省認定(社)JKDAカラーリスト1級。日本マナー・プロトコール協会評議員。社団法人日本経営協会講師・みずほ総合研究所講師・日経ビジネススクール講師。産業能率大学・産能マネジメントスクール講師。

武蔵野音楽大学声楽科卒業。日産自動車ミスフェアレディとして勤務の後、同社研修センター講師として人材教育活動を開始。大手人材派遣会社教育部長を経て、1990年人材教育及びイメージコンサルティングを専門とする株式会社大森メソッドを設立。ニューヨークにて、イメージコンサルタントの資格を取得する。その後、2005年、日本ではじめてAICI国際イメージコンサルタント協会(本部アメリカ)CIPプロフェッショナルメンバー(上級イメージコンサルタント)として認定され、さらに2011年には、日本人としてはじめてAICIの最高位CIM=イメージマスターの称号を与えられ、世界でひとにぎりのイメージコンサルタントとなる。

現在、豊富な企業研修の経験から得たノウハウに加え、ビジネスを成功に導くコミュニケーションスキルとして「外見力」の重要性を提唱し、独自のトレーニングメソッドを構築して社員研修、接客サーベイ、講演、セミナーを展開。さらに、企業向けイメージコンサルタントの第一人者として、政財界のエグゼクティブ、幹部社員を対象に、服装・プレゼンスキル・行動心理などのコンサルティングを手がけ、多くのビジネスパーソンを生まれ変わらせている。また、個人向けコンサルティング、イメージコンサルタント養成講座も行っている。

指導実績は、日本銀行、三菱東京UFJ銀行、みずほ銀行、住友信託銀行、NTTグループ、東京電力、朝日新聞、住友林業、富士通、キリンビール、資生堂、東京海上火災、日本能率協会コンサルティング、アクセンチュア、日本オラクル、日本モトローラ、テキサスインスツルメント、日本コカコーラ、フォード・ジャパン、日本IBM、J.P.Morganなど大手一流企業数百社をはじめ官庁など多岐にわたる。さらに、日本ロレックス、ジョルジオ・アルマーニ・ジャパン、ゲラン、パルファム・ジバンシイ、シスレー、ショーメなど一流海外ブランドの店頭スタッフ研修を数多く手がけ、エクセレントな接客を生みだすトレーニングメソッドには定評がある。

●ホームページ　http://www.ohmori-method.co.jp
※「外見力」は株式会社大森メソッドの登録商標です。

編集担当：西方洋一 ／ カバーデザイン：秋田勘助（オフィス・エドモント）

[改訂新版] 男が上がる!外見力

2016年4月1日　　初版発行

著　者　大森ひとみ

発行者　池田武人

発行所　株式会社　シーアンドアール研究所
本　　社　新潟県新潟市北区西名目所4083-6(〒950-3122)
東京支社　東京都千代田区飯田橋2-12-10日高ビル3F(〒102-0072)
電話　03-3288-8481　　FAX　03-3239-7822

印刷所　株式会社　ルナテック

ISBN978-4-86354-196-2 C0034